신이 된 항해자

일러두기

- 단행본은 『 』, 논문 등의 문서는 「 」로 표기했다.
- 외국 인명과 지명 등의 고유명사는 국립국어원 외래어 표기법에 따랐다. 중국 지명은 중국어 표기법을 따르되, 일부 고문헌에 나오는 지명은 한자음대로 표기했다.
- 인용 자료의 [ ] 속 설명은 저자가 이해를 돕기 위해 넣은 것이다.

아시아문화연구소 ASIA+ 시리즈 07

신이 된 항해자

21세기 말레이 세계의 정화 숭배

강희정 · 송승원 지음

차례

서문 | 중국인이자 무슬림이었던 정화   10

chapter 1
1405년, 정화와 그의 함대   43

1 서쪽으로 떠난 환관 정화의 항해   44
2 정화는 누구인가?   58
3 정화 원정대가 들른 동남아시아의 나라들   63

chapter 2
동남아시아에 전하는 정화의 신화와 사당   95

1 인도네시아의 삼푸콩 사원   96
2 말레이시아의 불교 사원 쳉훈텡   107

chapter 3
인도네시아의 화인 커뮤니티와 종교적 동화 전략   121

1 화인의 이주 역사와 식민 시기의 분할통치 전략   122
2 수하르토 정권의 신질서와 동화 전략   131
3 개혁공간 — 중국적인 것과 이슬람의 부상   138

chapter 4

정화 모스크와 이슬람 전파에 대한 담론   147

1 모스크로 부활한 정화   148
2 자바에 이슬람을 전파한 아홉 명의 성인   155

chapter 5

21세기 인도네시아의 정화 모스크   175

1 건립 배경과 건축양식   176
2 실행양상 — 혼합과 융합을 통한 동화   185

맺는말 | 과거와 현재, 역사와 종교의 융합으로서 정화 모스크   192

주   197
참고문헌   201
사진 크레딧   207

인도네시아

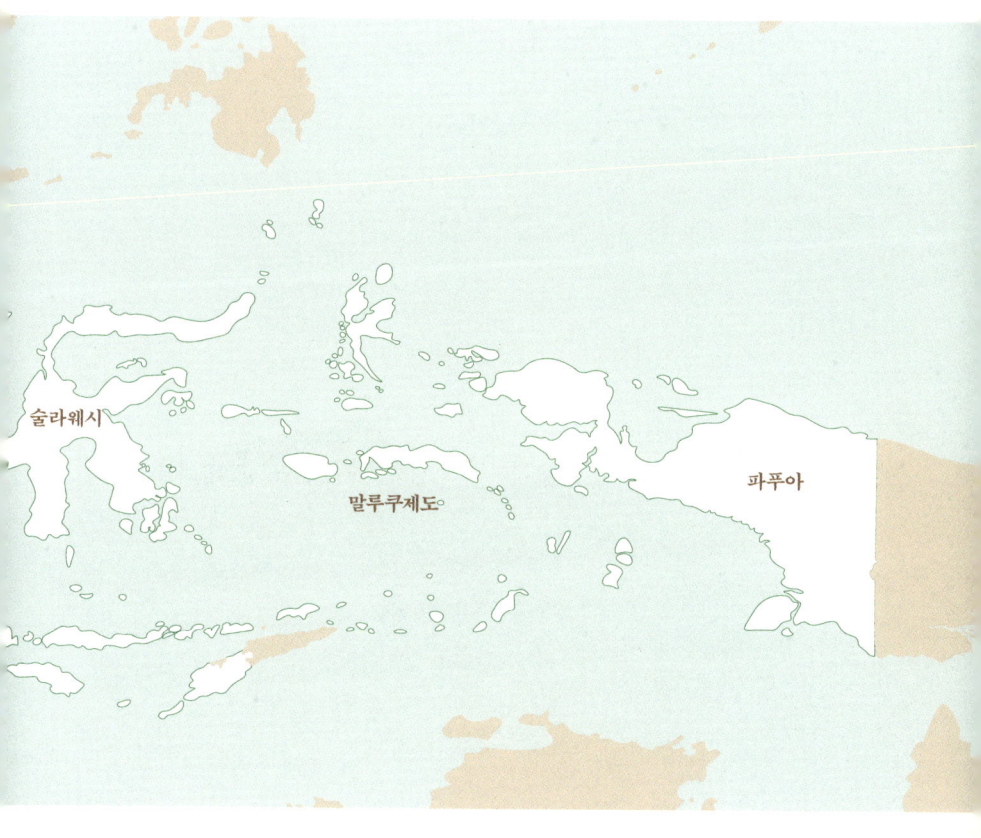

블리퉁섬

서문

중국인이자 무슬림인이었던 정화

블리퉁에서 만난 정화

인도네시아 수마트라Sumatra 동부 아래쪽에 위치한 블리퉁 Belitung섬은 천혜의 바다와 반짝이는 모래로 가득한 아름다운 해안을 자랑하는 관광지다. 남국의 정취를 자아내는 푸른 물결과 바람에 날리는 야자수 잎, 해안가의 기묘한 바위가 만들어낸 절경으로 인해 최근 인도네시아 정부가 발리Bali에 이은 휴양지로 개발하기 시작했다. 블리퉁이 인도네시아 사람들에게 널리 알려지게 된 것은 2008년에 개봉되어 엄청난 인기를 끈 〈무지개 군단Laskar Pelangi〉이라는 국민 영화 덕분이다. 이후 블리퉁은 빠른 속도로 개발되고 있고, 인도네시아의 숨은 보배와 같은 블리퉁을 찾는 외국인 관광객도 늘어나고 있다. 그에 따라 현재 블리퉁에는 이들을 수용할 수 있는 공항, 호텔이나 리조트, 골프장 등이 속속 건설되고는 있지만, 도로를 제외

하면 기본적인 인프라는 부족한 편이다. 이는 그만큼 자연이 그대로 보존되고 있다는 의미이기도 한데, 여전히 미개척지나 다름없을 정도로 깨끗한 자연이 돋보이는 근사한 곳이 바로 이 블리퉁섬이다.

블리퉁은 우리에게는 아직 이름조차 낯선 곳이지만, 동남아시아 일대에서는 일찍부터 널리 알려져 있었다. 해상무역이 발달한 수마트라와 자바Java를 잇는 해로상에 위치했다는 지정학적 이유도 있었지만, 무엇보다 1998년 인도네시아의 잠수사가 한 난파선에서 중국 당나라의 도자기를 발견한 것이 섬의 유명세에 결정적으로 한몫했다. 9세기경 제조된 이 난파선은 〈무지개 군단〉 촬영장소에서 멀지 않으며 해안에서 수 킬로밖에 떨어지지 않은 바투히탐Batu Hitam(검은 암초)이라는 곳에서 발견되었다. 바투히탐의 수심은 17미터에 불과하다. 이전에도 이 지역 바다에서는 난파선에 실려 있던 유물들, 특히 중국 도자기가 심심치 않게 그물에 걸려 나왔었다. 유물의 발견 이후 독일을 포함한 몇 개 나라가 인도네시아 정부의 승인 아래 컨소시엄을 형성해 본격적으로 약 2년에 걸친 대대적인 수중 발굴을 진행했다. 발굴된 유물의 양이나 질, 보존 상태로 보아 동남아시아 수중고고학의 역사적 발견이었다고 해도 과언이 아니다.

난파선의 국적에 대해서는 여러 이견이 있지만, 이 선박은

블리퉁의 난파선 복원 모형(싱가포르 아시아문명사박물관 소장)

난파선에서 발견된 장사요 도자기(싱가포르 아시아문명사박물관 소장)

아시아에서 최초로 발견된 다우선dhow으로, 아랍에서 건조된 것이 분명했다. 당시 발굴된 수만 점의 유물 가운데 일부는 싱가포르 아시아문명사박물관에서 구매하여 소장하고 있다. 아랍 난파선에서 발굴된 9세기 유물들은 미국은 물론 우리나라에서도 대대적으로 전시된 바 있다. 7만여 점에 달하는 유물은 중국 남부 후난성湖南省 창샤長沙에서 만든 장사요長沙窯 도자기를 비롯하여 금제 술잔, 양저우楊州에서 만든 청동제 거울, 동남아시아산 각종 향신료까지 총망라되어 있었다. 중국과 아랍의 산물 가운데 어떤 물품들이 해상교역로를 통해 거래되고 매매되었는지를 잘 보여주는 희대의 발굴로 평가된다. 그런데 이 배는 왜 하필이면 인도네시아 블리퉁 인근에서 좌초한 것일까? 이는 이 해역이 이미 당나라 때부터 중국과 아랍, 동남아시아를 연결하는 동서 교역망의 중심 해로였기 때문이다.

지도를 보면 알 수 있듯이 블리퉁은 방카Bangka라고 하는 좀 더 큰 섬과 가까이 있다. 블리퉁은 지도에서 보면 그다지 커 보이지 않지만, 사실 본섬이 4,833제곱킬로미터로 제주도의 약 2.5배에 달하고 135개의 부속섬도 딸려 있다. 과거의 선박들은 블리퉁과 방카 인근의 해역을 통과해야 수마트라의 팔렘방Palembang 쪽으로 접근할 수 있었다. 팔렘방은 아시아 역사에서 빼놓을 수 없는 매우 중요한 도시다. 과거 동남아시아에

팔렘방 해상가옥

서 남아시아까지 이르는 광대한 해역을 지배한 해상제국 스리위자야Srivijaya 왕국의 수도였던 곳으로 추정되기 때문이다. 팔렘방은 교역선들의 일차적인 목적지로서, 고대와 중세, 근세까지 선박들은 해상교역의 중심지였던 팔렘방으로 들어가거나 자바섬 서북 방면으로 가는 것이 일반적인 항로였다. 중국 남동부 저장성浙江省 인근이나 남부 광둥성廣東省의 항구에서 출발한 배는 계절풍을 타고 남중국해를 지나 계속 남하하여 자바해로 들어섰다. 그리고 블리퉁 앞바다를 지나 수마트라 해역으로 들어갔다. 그러나 블리퉁 인근은 파도가 거칠고 암초도 발달해서, 선박들이 좌초되곤 했던 모양이다. 그 덕에 우리가 9세기 아랍 난파선에 실린 여러 나라의 화려한 유물들을 볼 수 있게 되긴 했다. 15세기 바다를 주름잡았던 정화鄭和와 그의 함대 역시 해로를 따라 이동했다.

 책의 첫머리에 블리퉁을 언급한 것은 단지 항로 때문만은 아니다. 중국인 이주민들이 대거 인도네시아의 한 귀퉁이 블리퉁에 거처를 잡음으로써 생긴 특이한 종교문화에 주목했기 때문이다. 지금도 섬 주민들은 영롱한 비취색을 띠는 호수에서 막대한 고령토를 캐서 외화를 벌어들이고 있지만, 근대의 블리퉁은 주석 산지로 이름을 날렸다. 호수와 바다에서 주석을 캐내면서 방카와 블리퉁은 식민 시기부터 광산이 개발되어 각지에서 많은 노동인구가 유입되었다. 네덜란드 식민정부는 중국 남부 주민들의 대거 유입을 유인하고, 주석 채굴을 통해 재원을 늘렸다. 중국 광둥성과 저장성은 물론이고, 이미 말레이시아나 태국에 이주해 있던 중국인 중 많은 수가 블리퉁에 터전을 잡았다. 처음에는 돈을 벌어서 고향으로 돌아가겠다는 꿈에 부풀었겠지만, 그들 중 다수는 현지에 정착하여 그 후손들이 오늘날까지 거주하고 있다. 때로는 현지의 말레이 여성과 결혼하거나 가까운 미얀마 또는 발리, 파푸아 지역 여성을 노예로 사다가 공식적으로 결혼하는 일도 있었다. 이

방카 주석박물관 외관

식민 시기 주석 광산 채굴 현장 그림(방카 주석박물관 소장)

들 사이에서 태어난 혼혈 후손을 페라나칸Peranakan이라고 부른다. 증기선이 개발되고, 사회적인 인식이 급격하게 변화된 19세기 말에서 20세기 초반에는 중국 여성들도 이주하여 여성 이주노동자의 수가 늘어났고, 그에 따라 중국인들끼리 혼인을 하는 일도 늘어났다. 이들은 중국인 중심의 마을 공동체를 이루고 살았을 것으로 보이지만 방카와 블리퉁의 현지인 사회와 융합된 혼종적인 문화를 영위했다. 종교 역시 예외가 아니었다.

블리퉁의 초기 중국인 거주지는 시죽 마을Kampong Sijuk이라고 불린다. 2019년 8월에 방카와 블리퉁을 방문한 필자들은 이 마을에서 매우 흥미로운 두 개의 종교 사원을 보게 되었다. 하나는 유·불·도교 신앙이 혼재된 복덕사福德祠(Klenteng Hok Tek Che)라는 중국식 사원이고, 다른 하나는 이슬람 사원인 시죽 모스크Masjid Al-Ikhlas Sijuk이다. 이 두 사원은 모두 블리퉁의 중국계 주민들이 신앙생활을 영위해온 곳이다. 거의 동시대에 건설된 두 곳의 각기 다른 사원은 겨우 500미터가량 떨어져 있을 뿐이다.

복덕사는 외관상 마치 불교 사찰처럼 보인다. 외부에서 바로 눈에 띄는 특징은 네팔이나 티베트의 사찰처럼 사원 외곽에 오색 깃발 룽따가 휘날린다는 점이고, 그다음으로는 내부에 두 기의 탑을 세웠다는 점이다. 두 기의 탑은 전혀 어울리지 않게 노란색으로 우스꽝스럽게 칠해졌다. 기본 평면은 팔각이며 나름 5층으로 이뤄졌지만 잘 보지 않으면 탑이라고 인식하기 어렵다. 탑의 내부가 비어 있고 아래쪽에 무언가를 태운 흔적이 있는 것으로 보아 중국식의 전통적인 전탑 형태를 본떴지만 기능적으로는 석등이나 향로 역할을 하는 듯하다. 룽따와 두 기의 탑을 세운 것을 보면 불교 사찰을 모방한 것이 분명하다. 일반적인 중국의 사찰을 생각해보면 복덕사 역시 망자의 명복을 빌거나 축원, 축수를 올리는 곳임은 짐작하기 어렵지 않다. 중국인들이 가장 좋아하는 단어 중 하나인 '복福'과 '덕德'을 같이 집어넣은 이름에서 알 수 있듯이 분명 현세에서 복 받기를 바라는 중국인들의 취향과 관습이 명확하게 드러나는 사원이다. 실제로 이 복덕사는 어떤 종교의 사찰이라고도 하기 어렵다. 복덕사의 '사'를 절을 뜻하는 사寺가 아니라 사원을 뜻하는 사祠를 쓴 데서도 짐작할 수 있다. 그 내부에도 유교와 도교의 신을 같이 모셨으니, 유·불·도 세 종교가 혼합된 사원이라고 보는 편이 옳다.

시죽 모스크는 동남아 특유의 폭이 좁은 주황색 기와를 올린 평범한 갈색 목조건물이다. 약간의 높이차로 똑같은 형태의 지붕을 한 층 더 올린 자바식 이중지붕 형태를 하고 있다. 건물 평면은 사각형이며 외벽에는 여느 모스크와 다를 바 없이 별다른 장식을 하지 않았다. 지붕 위에 그려진 초승달 문양

오색 깃발이 나부끼는 블리퉁 복덕사

블리퉁 시죽 모스크

과 아랍어로 쓰인 현판이 아니면 이곳이 모스크임을 알려주는 종교적인 구조물이나 이슬람 첨탑, 즉 미나레트는 없다. 말레이시아나 인도네시아 내 다른 지역의 모스크가 흰색이나 아이보리색 등의 밝은색으로 깔끔하게 칠해진 것과는 달리 현지 건축양식을 고수한 모스크인 셈이다. 그렇다고 해서 동부 자바주의 주도인 수라바야Surabaya에 있는 중국식 모스크와 비슷한 건축 요소들이 보이는 것도 아니다. 단지 보통 사람들이 사는 큰 일반 주거지처럼 보이며, 기도하는 예배공간이 넓어서 회관과 비슷한 느낌을 준다.

현지 주민들은 이 두 사원의 건축에 대해 매우 흥미로운 이야기를 전해주었다. 바로 복덕사와 시죽 모스크를 세운 인물이 15세기 초에 인도양을 일곱 차례에 걸쳐 횡단한 명나라의 회족, 즉 무슬림이었던 환관 출신 제독 정화이며, 그가 주민들에게 이슬람을 전파했다는 것이다. 사실 정화가 수마트라나 자바처럼 중요한 왕국들이 있었던 큰 섬들이 아니라 작은 블리퉁을 방문했다는 이야기를 확증해줄 만한 그 어떤 기록도 존재하지 않는다. 그의 항해와 관련해 가장 신뢰할 만한 기록은 원정대의 서기로 동행했던 마환馬歡의 『영애승람瀛涯勝覽』인데, 여기에 당시 자바와 팔렘방에 중국인들이 거주하고 있으며 일부는 무슬림이라고 적기는 했지만, 원정대가 블리퉁에 잠시라도 들렀다는 내용은 없다. 한 발 더 나아가 일부 현지인이 말하는 것처럼 정화 일행이 이슬람을 전파했다는 기록은 어디에도 없다. 하지만 현지인들은 무슬림 정화가 블리퉁에 방문했을 때 예배를 목적으로 현지에 모스크를 세웠고, 이슬람교도가 아닌 선원들을 위해 중국식 사원인 복덕사를 동시에 지었다는 이야기를 믿고 있었다.

정화가 정말로 원정대의 중국인 선원들을 위해 이 복덕사와 시죽 모스크를 지었는지는 알 수 없다. 설령 원정대가 정말 블리퉁을 방문했을지라도 15세기에 지은 목조 사원들이 21세기인 오늘날까지 남아 있을 리 만무하며, 또한 그가 아무리 위대한 사람이고 뛰어난 지략가이자 능력자라고 해도 잠깐 섬에 머무르는 동안 사원 건물을 뚝딱 지었을 것 같지도 않다. 두 개의 사원은 기껏해야 19세기 말쯤 지어진 것으로 보인다. 결국 정화와 관련된 블리퉁의 사원, 모스크 등에 얽힌 모든 이야기는 허구의 전설이라고 보아야 할 것이다.

복덕사와 시죽 모스크에서 예배하는 사람들은 화인華人, 즉 중국에서 이주해 정착한 사람들의 후예다. 하지만 이들은 정화의 방문 이래 수백 년이 흐른 뒤에야 블리퉁으로 이주한 중국인들의 후예일 것이다. 그런데도 현지 화인들이 두 개의 사원을 정화가 세웠다고 굳게 믿고 다른 사람들에게 이야기를 전한다는 것은 그만큼 정화가 그들에게 의미심장한 인물로서 신격화되었고, 그의 이야기를 이런 방식으로라도 이어간다는

복덕사의 공자상(왼쪽)과 관우상

서문 | 중국인이자 무슬림이었던 정화

것이 중요한 의미를 지님을 뜻한다. 인도네시아 현지에서 정화라는 인물에 기탁하는 것이 화인 사회에 어떤 종류의 정당성, 혹은 정통성을 강화하는 역할을 해왔다는 이야기가 된다. 결국 이때 필요한 정통성은 역사성에 다름 아니다. 15세기에 블리퉁을 찾아온 정화가 세운 수백 년 된 유서 깊은 사원이라는 권위가 부여되면 화인 후손들이 인도네시아 사회에서 구성원으로서 인정받을 정당성을 강화할 것이기 때문이다. 더구나 시죽 모스크는 15세기 중국인 무슬림의 존재와 역할에 대한 내러티브를 전함으로써, 종교적으로 중국인들이 다른 인도네시아인들과 이질적인 존재가 아니라는 점을 알리고 있다. 즉 두 사원 모두 현재 중국계 이주정착민 후손이 현지에서 살아갈 권리와 당위성, 주인의식을 뒷받침해줄 수 있는 내러티브를 표상하고 있다고 하겠다. 종교는 다르지만, 정화가 건립했다는 두 사원에 대한 신화가 주는 메시지는 역사에 기대어 인도네시아에서 화인들의 입지와 종교문화를 이어갈 정당한 권리를 주장한다는 점에서 같은 맥락에 놓여 있다.

현대사에서 이슬람과 타 종교집단 간 극심한 종교적 마찰을 겪었던 인도네시아에서 이 두 개의 사원과 그에 얽힌 이야기는 인도네시아 고유의 국가철학 판차실라Pancasila가 내세우는 '종교적 관용'을 대표하는 사례로 떠오른 모양이다. 몇 년 전에 블리퉁을 방문한 조코 위도도Joko Widodo 인도네시아 대통령은 시죽 마을을 종교적 관용을 상징하는 마을로 선정하고, 두 사원을 중심으로 한 지역을 관광특구로 지정했다. 요컨대 이 지역의 화인들에게 정화는 종교적 구분을 넘어서 블리퉁의 중국계 무슬림과 비무슬림을 하나로 묶는 구심점 역할을 하는 것이다. 그런데 이런 사례는 비단 블리퉁에만 있는 것이 아니다. 정화는 이미 수백 년 전부터 유·불·도 삼교가 융합된 사원에서 인도네시아와 말레이시아 화인들의 종교적 구심점 역할을 해왔는데, 최근에는 증가 추세에 있는 무슬림 화인들의 종교적 구심점으로도 새롭게 부상하고 있다.

정화가 남긴 것

15세기에 명의 황제 영락제永樂帝(재위 1402~1424)의 명을 받아 수행한 정화의 대원정(1405~1433)은 당대의 해양사를 근본적으로 바꿀 만큼 중대한 역사적 사건이었다. 정화는 동남아시아를 거쳐 인도, 아랍은 물론이고 동부 아프리카까지 항해하며 수많은 일화와 문물 교류의 흔적을 남겼다. 이 원정이 동남아시아, 특히 인도네시아와 말레이시아에 미친 영향은 이루 말할 수 없이 크다. 정화는 자바 동부의 수라바야와 중부 스마랑Semarang, 투반Tuban, 수마트라의 팔렘방, 반다 아체

Banda Aceh, 그리고 현재는 말레이시아 영토가 된 믈라카Melaka 등을 여러 차례 방문했고, 현재까지 이 지역들에는 정화를 기리는 사원들이 존재한다. 이를테면 수라바야와 스마랑, 치르본Cirebon, 투반 같은 자바의 도시들에 있는 삼보공三保公(삼푸콩Sam Poo Kong) 또는 삼보묘三保廟라는 사원들이 이에 속한다.

정화가 삼보태감三保太監이라 불렸으므로 삼보공이라는 이름 자체가 이미 정화를 뜻하는 것이다. 태감은 중국의 관직을 가리키는데, 정화의 관직에 삼보라는 이름이 붙게 된 데 대해서는 인도네시아와 말레이시아에 크게 두 가지 유래설이 전해진다. 한 가지는 삼보(삼푸)는 물고기 이름으로, 정화의 배가 폭풍으로 난파 위기에 처했을 때 이 물고기가 선체의 부서진 부분을 몸으로 막아주어서 배가 가라앉지 않았다는 전설에서 유래했다는 설이다. 또 하나는 정화의 업적을 칭송하는 차원에서 영락제가 세 개의 보물이라는 뜻으로 삼보三寶라는 칭호를 내려주었다는 설이다. 하지만 정화를 칭하는 삼보태감의 한자는 세 개의 보물을 뜻하는 한자와 다르므로 이 설은 신빙성이 별로 없어 보인다. 중국에서는 정화가 어렸을 때 아명이 삼보였기 때문에 삼보태감이라 불렸을 것이라는 이야기가 전해 내려온다.

정화는 명의 함대를 이끌고 대항해를 한 역사적 인물이지만 막상 항해가 끝난 이후 중국에서는 오랫동안 잊힌 존재였다.

왜냐하면 명나라는 물론이고 그 뒤를 이은 청나라 역시 백성들이 바다로 나가는 것을 막는 해금정책을 썼기 때문에 해상교역에서 막대한 공을 쌓은 정화를 기억할 필요가 없었다고 할 수 있다. 따라서 중국에는 단 한 곳 푸젠성福建成의 홍젠 마을에만 정화 사당이 세워져 있다. 흥미로운 사실은 홍젠 마을 사람들이 명조 말기에 필리핀에 이주했다 다시 중국으로 회귀했다는 것인데, 이 역시 정화 숭배가 중국 본토의 전통이 아니라 동남아에서 만들어진 새로운 전통을 따른 것임을 암시한다. 정화 숭배는 인도네시아와 필리핀뿐 아니라 태국의 아유타야Ayutthaya, 말레이시아의 믈라카와 페낭Penang, 이포Ipoh, 트렝가누Trengganu에서도 발견된다. 바꿔 말해서 중국에서 정화는 역사적 위인으로 여겨졌을 뿐이지 동남아시아에서처럼 신격화된 존재는 아니었다는 뜻이다.

하지만 개혁개방 이후 2000년대 들어 정화는 중국에서 팽창하는 중화민족주의의 도구로 재해석되면서 그 업적이 재조명되고 있다. 지난 2005년에 중국은 정화 원정 600주년 기념 행사를 여러 차례 개최하고, 7월 11일을 '국가항해일'로 지정함으로써 중국이 추진하고 있는 신新실크로드 전략에 유용하도록 과거 해상에서 누렸던 영광을 과시하고자 했다. 해외로 적극적인 진출을 모색하고 항로를 개척한 정화에 관한 연구는 중국 정부가 강력하게 드라이브를 걸고 있는 '일대일로一帶

一路' 사업의 역사적 정당성과 근거를 제공한다. 이에 편승해 동남아시아 화인 사회에서도 정화에 대한 기억을 복구하려는 경향이 나타났다. 2005년에 싱가포르는 정화가 현지에 도착한 연도인 '1421'년을 타이틀로 내세운 전시를 개최했고, 믈라카에도 정화박물관Cheng Ho's Cultural Museum이 세워졌다. 중국의 세력이 커지는 만큼 동남아 현지의 화인들도 그에 적극 호응하는 모양새다.

인도네시아와 말레이시아 등 말레이 세계에 속하는 동남아시아 여러 지역에서 정화는 단순히 과거 역사의 이방인이 아니다. 중국이 일대일로 정책을 펴며 친동남아적 행보를 이어가기 훨씬 전부터 동남아인들은 그를 기억해왔다. 정화의 표준 중국어와 만다린어 발음은 정훠Zheng Huo, 또는 정허Zheng He인데, 인도네시아식 발음은 쳉호Cheng Ho, 또는 쳉후Cheng Hoo이다. 쳉호는 호키엔, 즉 푸젠식 발음이다. 인도네시아에서 정화를 쳉호로 발음하는 것은 자바에 거주하는 화인들이 푸젠성 출신이 많기 때문으로 보인다. 쳉호라는 인도네시아식 발음만 놓고 본다면 적어도 정화를 기억하고 내세운 사람들이 푸젠 출신 사람들이었고, 지역으로 보면 자바에 살던 사람들이라고 할 수 있을 것이다.

동남아시아인들에게 정화는 단순히 명나라 황제의 사신이나 교역가가 아니라 신격화된 종교적 구심점이었다. 동남아

정화박물관

에서 그의 신격화는 중국 전통 종교에서만 이뤄졌다고 말하기 어렵다. 굳이 구분하자면 블리퉁의 두 사원에서 이미 보았던 것처럼 크게 불교와 도교 사원에서의 신격화와 이슬람교에서의 신성시로 나뉜다. 결국 동남아 어느 지역의 어떤 계층이 정화라는 사람을 다시 소환했는가, 그 이유가 무엇인가에 따라 정화가 서로 다른 종교의 대상이 되었다고 볼 수 있다.

최근 정화 신앙과 관련하여 가장 주목할 움직임은 인도네시아에서 진행되고 있다. 인도네시아 일부 지역에서 정화에 대한 기억과 전승은 이슬람교 사원인 모스크라는 공간에서 새로운 양상으로 전개되기 시작했으며, 정화에 대한 담론도 새로운 목적에 맞게 다시 구성되고 있다. 2002년부터 현재까지 정화 모스크는 화인들이 다수 거주하는 수라바야, 파수루안Pasuruan, 말랑Malang, 젬버르Jember, 쿠타이 카르타너가라Kutai Kartanegara, 고와Gowa, 바뉴왕이Banyuwangi, 팔렘방, 푸르발링가Purbalingga, 바탐Batam, 잠비Jambi 등의 대도시에 세워졌다. 이들 지역은 원래 많은 화인 인구가 대대로 거주해온 곳이다. 따라서 화인들이 살아온 터전에 유교나 도교 또는 불교 사원 대신 모스크를 건립하는 움직임이 확산되는 점을 눈여겨볼 필요가 있다. 이는 그동안 존재를 거의 드러내지 않았던 화인 무슬림들이 무슬림으로서의 정체성을 강화하고 이슬람 색채가 짙은 현지 사회와 동화를 시도하는 맥락으로 파악된다.

정화 모스크가 흥미로운 이유는 기존에 이미 정화를 기리는 유·불·도교 사당이 세워져 오랜 기간 존속되었음에도 정화가 새로이 이슬람과 결합해 소비되기에 이르렀기 때문이다. 블리퉁 복덕사의 사례에서 살펴보았듯이 수라바야 등 동부 자바의 몇 개 도시에서는 이미 수백 년 전부터 정화를 신처럼 모시는 사원 클렌텡klenteng이 화인들의 구심점 역할을 해왔다. 클렌텡에서 정화는 무슬림으로서가 아니라 중국을 대표하는 인물로, 고향인 중국을 떠나 머나먼 이국에서 살아가는 화인의 마음을 어루만지는 일종의 수호신 역할을 했다. 그런 의미에서 정화라는 인물은 인도네시아에서 어느 하나의 종교와만 관련되는 인물이 아니다. 정화가 모셔진 클렌텡은 불교 사원도 아니고, 유교나 도교 사원도 아니다. 어느 한쪽으로 분류할 수 없는 중국식 재래 종교 사원이라고 할 수 있다. 이는 정화가 중국 고유 종교 전통에 기반을 둔 기복적인 신앙의 구심점이 되어왔음을 보여준다.

유·불·도교와 이슬람교라는 서로 다른 종교에서 기리는 정화에 대한 기억과 이미지는 상이할 수밖에 없다. 이에 따라 이 책에서는 인도네시아의 다양한 종교 사원에서 정화가 어떤 이미지로 기억되고 어떤 역할을 하는지, 이것이 화인 무슬림이 정화 모스크를 통해 구축하려는 이미지와 어떤 공통점과 차이점을 보이는지를 다루게 될 것이다. 특히 이슬람 건축인 정화 모스크를 통해 동남아시아의 화인 사회를 분석하는 작업은 기존에 진행되어온 연구에 새로운 관점을 제시할 수 있다.

인도네시아와 말레이시아에 거주하는 화인들의 종교와 문화에 관한 기존 연구는 주로 그들이 중국의 전통과 얼마나 깊이 연결되었는지를 중심으로 이뤄졌고, 불교나 유교, 도교의 맥락에서 바라보려는 입장이 두드러졌다. 정치학이나 인류학, 역사학에서는 동남아 화인들과 중국의 관계를 검토하거나 화인 사회를 방파幇派 사회로 보고 방파 사회의 형성과정을 고찰하고, 동남아 현지 화인들의 생활문화, 현지 전통과의 융합 문제 등을 주로 다루었다. 하지만 동남아, 특히 인도네시아와 말레이시아 화인들 가운데 상당한 인구가 무슬림이라는 사실은 간과되는 경향이 있었다. 근래 건립된 정화 모스크가 지니는 이질적인 특징은 이슬람이라는 종교 아래 화인들이 현지인과 화합하려는 의지를 보여주는 상징적인 건축물로서 중국의 전통과는 전혀 다른 맥락을 지녔다는 점에서 주목을 끈다.

현대의 우리는 정화를 막대한 선단을 이끌고 인도양을 거쳐 아프리카까지 가는 항로를 개척한 인물 정도로만 기억한다. 오로지 해양사에서 정화의 위상만이 주 관심 대상이었다. 그가 남긴 유산, 정화라는 존재가 동남아에 미친 영향에 대해서는 별로 생각해보지 않았고, 관심도 없었다. 어떤 책이나 다큐멘터리를 보더라도 정화는 그저 함대의 지휘자로 세계의 바다를 호령했던 인물이며, 왜 항해가 추진되었는가에만 초점이 맞춰졌다. 게다가 정화가 중국인이므로 중국 종교인 불교·도교와 관련이 있을 거라고 막연하게 생각해왔다. 그가 실제로는 무슬림이었고, 동남아시아나 아라비아의 무슬림 사회와 연계성이 있을 수 있다는 생각은 전혀 하지 못했다. 더구나 정화는 석가모니 같은 성인도 아니고, 공자 같은 사상가도 아니었으므로 종교적으로 신성시될 만한 여지가 적었다. 그럼에도 그는 앞의 인물들과 더불어 동남아시아에서 신이 되었다. 왜 그는 신으로 숭배되는가? 정화라는 인물은 과연 인도네시아와 말레이시아 화인들의 정치적·사회적 정체성 확립에 어떻게 기여해왔는가?

이 책에서 진행한 일련의 논의는 특히 인도네시아의 화인들이 수하르토Suharto 정권(1967~1998)이 몰락한 이후 삶에 새로운 국면을 맞게 된 것에 주목한다. 그들이 당시 진행된 정치·사회적 개혁 및 위기의 시간 속에서 어떻게 자신들의 정체성을 재정의하고 재조정함으로써 화인으로서 개인과 공동체의 삶의 방향을 모색했는지를 확인하려고 했다. 이와 같은 문제의식에서 정화를 소환한 모스크가 인도네시아의 화인들이 당면한 정치·사회적 문제를 해결할 대안으로 부상했다고 본 것이다. 오랜 이주 공동체를 꾸려온 인도네시아와 말레이시아의 화인 사회에서 유·불·도교를 중심으로 전개되던 디아스포라의 구심점 역할을 했던 정화가 최근 인도네시아에서 이슬람을 매개로 재정의되고, 그들의 새로운 정치적·사회적 대안으로 부상한 이유와 목적을 추적하는 작업이 필요한 시점이다. 더 나아가 이들은 인도네시아에 이슬람을 최초로 전파한 장본인이 정화라는, 꽤나 공격적인 내러티브를 정화 모스크를 통해 유포하기 시작했다. 이들의 움직임은 중국의 국가적 권위가 높아지고, 국제사회에서 발언권이 커지는 상황과 무관하지 않다. 중국의 경제성장 및 사회 체제 개편에 연동되는 말레이 세계 화인들의 동향은 비단 종교적 헌신이나 순수성에 그치는 일이 아니며 현재진행형으로 계속되고 있는 일이라는 점에서 앞으로도 예의 주시할 필요가 있다.

이 책은 정화를 주제로 말레이 세계, 특히 인도네시아 화인들의 종교적 구심점이 어떻게 변화했으며 역사적 위인이 어떻게 특정 종교의 신이 되었는지를 종합적으로 살펴보려고 한다. 이러한 현상을 제대로 이해하기 위해 정화를 둘러싼 종교기관들이 지니는 전략적 위상을 역사학·사회학·시각문화 연구의 관점에서 검토함으로써 그 현상의 발생 배경과 전모를 밝히고자 했다. 그에 따라 이 책은 현대 동남아 사회에서 정화의 역사적 함의와 정화 사당 및 모스크를 통해 본 말레이 세계 화인 사회의 동향이라는 주제를 놓고 지역, 국가, 초국가라는 세 가지 층위에서 해석을 시도한다.

이를 위해 정화는 누구이며, 그의 항해가 어떤 식으로 진행되었고, 함대가 어디를 방문했는지를 먼저 살펴볼 것이다. 이어서 정화의 항해가 동남아에 미친 영향과 현지에 전하는 그의 전설 및 신화가 어떤 식으로 화인 공동체의 전통과 문화에 녹아들고 또 밖으로 표출되었는지를 검토할 예정이다. 그리고 현재 정화를 기억하는 방식과 정화를 내세운 모스크 건립, 인도네시아 화인 이슬람 사회의 새로운 결집과 이것이 현대 중국과 맺고 있는 관계를 살펴보고자 한다. 구체적으로는 다루고자 하는 논점들은 다음과 같다.

첫째, 역사적 인물이자 최초의 중국인 무슬림으로서 정화는 누구이며, 그의 항해는 어떤 목적으로 진행되었는가?

둘째, 인도네시아와 말레이시아에서 정화는 어떻게 기억되어 왔는가? 기억되는 방식의 중층적 차이와 궁극적인 목적은 무엇인가?

셋째, 정화를 기리는 기존의 사원들과 정화 모스크는 어떻게 다르며 각기 다른 종교 사원의 건축을 유도한 정치·사회적 배경은 무엇인가? 두 종류의 종교 사원에서 정화를 기리는 방식과 정화 이미지는 어떻게 다르며 각각은 무엇을 반영하고 있는가?

넷째, 정화 사당과 모스크는 인도네시아와 말레이시아, 그리고 각 지역별로 어떤 건축적 특징이 있는가? 그 상징과 의미는 어떻게 차별화되고, 어떻게 규정될 수 있는가?

다섯째, 정화 모스크의 건립은 인도네시아 화인과 현지인 관계에 어떤 영향을 미치고 있으며 현지 정치 주체와는 어떤 관계인가? 이들은 정화 모스크를 통해 서로 어떤 관계를 맺고 있으며 이것이 지역사회에서 어떤 역할을 하는가?

이를 풀어내기 위해 먼저 1장에서는 정화의 함대가 어떤 식으로 구성되었으며 그들은 왜 중국을 떠나 머나먼 항해의 길을 나섰는가, 그들이 항해 중에 들른 동남아의 기항지들은 어디였고 거기서 어떤 일을 했는가, 현지인과는 어떤 식으로 관계를 맺었는가를 담았다. 다음으로 2장에서는 정화의 함대가 다녀간 이후 말레이시아와 인도네시아에 남은 것은 무엇인가를 종교의 관점에서 살폈다. 이 두 나라 특정 지역에 세워진 사원에서 정화를 어떻게 모시고 어떤 이야기들이 전해지는가를 알아보았다. 3장은 현대 인도네시아의 화인 커뮤니티와 이슬람을 매개로 한 그들의 동화 전략을 다루었다. 20세기 독립 이후 인도네시아 정부의 정책 및 토착인과 화인 간의 불화, 그 해결을 위한 화인들의 노력이 정화 모스크를 통해 종교적으로 어떻게 표출되었는가를 검토했다. 4장에서는 정화 원정대의 모스크 건립과 이슬람 전파 담론을 둘러싸고 벌어진 학계의 논쟁에 대해 살펴보고, 그 역사적 근거를 분석했다. 5장에서는 정화 모스크의 건축양식과 종교 실행양상을 설명하여, 정화의 이슬람 전파를 지지하는 인도네시아 무슬림 화인들이 궁극적으로 지향하는 정치적·사회적 목표가 무엇인지를 살펴보았다.

정화의 원정에 대해 과연 역사는 어떻게 말하고 있는가? 그의 원정에 관한 역사적 기록과 현지에 전해지는 다양한 전승은 후세 사람들이 정화를 어떤 식으로 기억해왔으며 이것이 사실과 일치하는가에 대한 궁금증을 불러일으킨다. 무엇보다도 일곱 차례 항해에서 정화가 방문한 지역을 검토하고 사료를 분석하는 것은 현재의 인도네시아 화인들이 주장하는 대로 정화 원정대가 현지 이슬람 전파에 기여했는가를 추적해 볼 수 있게 할 것이다. 『명사明史』 실록과 더불어 마환의 『영애승람』과 비신費信의 『성차승람星嵯勝覽』, 공진鞏珍의 『서양번국지西洋番國志』 등 정화 함대에 동행한 서기들의 견문지見聞志가 이런 질문에 답을 줄 기본적인 참고자료가 될 것이다. 정화 일행이 인도네시아 자바에 이슬람을 전파하고, 이로써 이슬람화가 가속화되었다고 기록한 현지 고문서 「스마랑 중국인 연대기Kronik Tionghua Semarang」와 「치르본 중국인 연대기Kronik Tionghua Cirebon」 역시 기초적인 문헌자료로 살펴볼 가치가 있다. 사실상 연대기의 진위가 관련학계의 논란거리 중 하나이긴 하지만, 이 자료들은 정화가 화인 무슬림 커뮤니티에 중추 역할을 했다는 주장의 근거가 되었다.

책 후반부의 주요 주제는 최근 인도네시아 여러 지역에서 정화 모스크 건립이 증가하고 있는 현상의 정치·사회적 배경을 이해하고 역사적 맥락을 분석하는 일이다. 이를 위해 인도네시아의 화인 공동체에 대한 2차 자료들을 조사·검토하여 화인 무슬림이 개인적 혹은 집단적으로 정화를 어떤 목적으로, 어떤 방식으로 기억하고 싶어 했는지, 그 이미지를 어떻게 소비하고 있는지에 대해 알아본다. 본 저술을 위해 두 연구자는 2018년 8월에 블리퉁의 복덕사, 시죽 모스크와 파수루안·수라바야의 정화 모스크들을 방문하고 관계자들을 면담했다. 특히 수라바야의 정화 모스크 내에 있는 화인무슬림협회 관계자들과 심층적인 인터뷰를 진행했다.

스마랑 삼포콩 사원의 정화 동상

chapter
1

1405년, 정화와 그의 함대

chapter 1

1

서쪽으로 떠난 환관 정화의 항해

동남아시아인들은 왜 그토록 오랜 기간 정화를 기억해왔고, 새로운 방식으로 소환하려는 것일까? 정화가 항해 도중 동남아시아 몇몇 지역을 들르긴 했지만, 어느 지역에서도 장기간 체류한 적은 없다. 중국 현지에서는 단순히 역사 속 인물로 남았을 뿐인 정화가 동남아 여러 지역에서 이토록 의미심장한 인물이 된 이유는 무엇일까? 그 수수께끼를 풀어보기 위해 일단 15세기 정화의 함대와 그들의 항해에 대해 개략적으로 살펴보자.

1405년에 정화는 명나라 제3대 황제인 영락제의 명을 받아 남중국해로 떠났다. 유럽에서 크리스토퍼 콜럼버스Christopher

Columbus가 대서양 횡단에 나선 1492년보다 거의 한 세기 앞선 일이었다. 콜럼버스의 대서양 횡단은 세계사에 길이 남을 엄청난 사건으로 기록되었다. 하지만 정화의 항해는 여러 차례 동남아를 거쳐 인도, 서아시아, 그리고 아프리카까지 항해를 통해 새로운 바닷길을 개척하고 해양 네트워크의 여러 가능성을 열었기에 실제 해양사에 한 획을 그을 수 있을 정도로 중요한 일이었음에도, 그만큼 높이 평가받지는 못한다. 여기에는 여러 가지 이유가 있겠지만, 무엇보다도 그의 항해 이후, 명나라가 강력한 해금령을 통해 바다로 드나드는 일을 막

명나라 병법서인 모원의茅元儀의 『무비지武備志』에 실린 정화 항해 지도(1612)

은 것이 가장 큰 원인이었을 것이다. 이는 명이 바다를 포기했다는 것과 다르지 않다. 이후 중국은 바다를 통한 교역과 해상 세력 강화에 힘을 쓰지 않았고, 정화의 항로 개척은 역사 속에 묻혔다.

정화가 황제의 명을 받고 1431년까지 일곱 차례에 걸쳐 대규모 선단을 이끌고 출항했지만, 항해의 이유는 중국 사서에 명확하게 기록되어 있지 않다. 중국 기록에는 그저 정화가 영락제의 명을 받고 항해했다는 내용이 나올 뿐이다. 아쉽게도 정화의 대항해에 대한 역사적인 기록은 신뢰할 만한 것이 많지 않지만『명사』실록을 비롯해 정화와 함께 항해했던 중국인 무슬림 마환의『영애승람』과 비신의『성차승람』, 공진의『서양번국지』를 통해 그들이 방문했던 동남아시아, 남아시아, 서아시아 각국의 당시 상황을 짐작할 수 있다. 특히 정화 원정대의 저술들은 지리지로서의 가치를 인정받고 있지만 서양의 지리서에 비해 잘 알려지지 않은 편이다. 사실상 이들 지리지는 이보다 앞서 남송의 조여괄趙汝适이 편찬한『제번지諸蕃志』를 답습한 부분이 있다. 조여괄은 1224~1225년 복건제거시박福建提擧市舶과 천주시박泉州市舶을 겸직하면서 본인이 공부를 하기도 하고, 이들 지역에서 직접 교역상인들의 이야기를 수집하기도 하여 이 책을 저술했다. 시박사市舶司는 해상교역을 관할하기 위해 당대에 처음 설치된 관청이다. 동쪽으로는 일본, 서쪽으로는 히말라야 북부까지 중국 외부에 있던 나라들과 이민족의 특산물과 무역상황을 기록한『제번지』는 송나라 당시 해상교통을 연구하는 데 중요한 문헌이다. 조여괄의 원본은 이미 사라졌고, 지금의 판본은『영락대전永樂大典』에 실린 것을 모아 편집한 것이다. 제번지와 마찬가지로 정화 원정대의 기록들이 먼저 간행된 서책에 나오는 내용을 그대로 옮겨 쓰거나 글자를 바꿔 비슷한 내용을 반복하는 것은 중국의

『영애승람』

사서, 지리지, 물명 관련 저술들의 고질적인 단점이다.

『명사』 실록은 정화의 원정에 대해 다음과 같이 기록하고 있다.

> 정화는 운남雲南(윈난) 사람으로 사람들은 [그를] 삼보태감이라고 불렀다. 처음 연왕부燕王府에서 연왕을 섬기다가 [연왕과] 함께 군사를 일으켜 공을 세웠으며, 여러 차례 태감으로 발탁되었다. 성조成祖 영락제[연왕]는 혜제惠帝 건문제建文帝가 해외로 도망간 것으로 의심하고 그의 종적을 추적하는 동시에 이역 땅에 군사력을 과시하여 중국의 부강함을 알리고자 하였다. 영락 3년 6월 정화와 그의 동료 왕경홍王景弘 등을 서양으로의 통사로 명하고, 장졸 2만 7800여 명과 많은 금화와 재물을 제공하였다. 길이 44장丈, 폭 18장에 이르는 배 62척을 건조하였다. 소주蘇州(쑤저우) 유가항劉家港에서 바다로 나아가 복건에 이른 다음, 다시 복건 오호문五虎門[현재의 푸저우福州]에서 돛을 올려 먼저 점성占城[참파, 현재 베트남 중부]에 도착하였다. 그 후 차례로 여러 번국을 방문하여 천자의 조서를 발표하고 그 우두머리들에게 하사품을 주었으며, [황제에] 복종하지 않으면 무력으로 위협하였다. 영락 5년 9월 정화 일행이 귀국하자 여러 나라의 사신들이 함께 와서 황제를 알현하였다. 황제는 크게 기뻐하여 각각의 등급에 따라 작위와 상을 하사하였다.[1]

『명사』에 기술되었듯, 정화의 선단은 수십 척에 이르는 대규모 범선과 백수십 척의 작은 배로 구성된 거대한 함대였다. 유럽 국가들에게 대항해시대를 활짝 열어준 콜럼버스의 개척단이 단 세 척의 배로 출발했던 것과는 비교가 되지 않는 엄청난 규모의 함대였던 셈이다. 1장은 오늘날의 미터 단위로 환산하면 약 3.03미터에 해당하니 정화가 이끌었던 범선은 기본적으로 길이가 150미터, 폭이 60미터에 달하는 크기의 1500톤급 선박으로 당시로서는 어마어마한 크기였다. 어떤 종류의 배였는지는 확실하지 않으나 스페인을 떠난 콜럼버스의 배가 겨우 100여 톤에 불과했던 것을 생각하면 선박의 크기도 비교가 되지 않는다. 『명사』의 기록에 의하면 정화의 선단에는 총 2만 7800명이 타고 있었다고 하니, 오늘날의 작은 도시급 규모의 인원이 배로 이동했던 셈이다. 3만에 가까운 인원이 일사불란하게 움직이는 선단을 상상해보라! 대인원이 움직이는 정화의 선단은 가는 곳마다 경탄을 불러일으켰으리라. 배 한 척의 크기로나 선단의 규모로나 그의 함대는 명 황제의 위세를 보여주기에 충분했다.

갓 황제의 지위에 오른 영락제는 무엇 때문에 정화에게 막대한 규모의 함대를 내어주면서 서양으로 내려가라는 하서양下西洋의 명령을 내렸을까? 당시 서양은 남양 또는 남해라고 불린 중국 남쪽 바다를 의미했다. 중국인들의 상선은 이 시기 서양과 동양의 두 항로로 진출했다. 이때 '동양'은 중국 푸젠에서 동쪽에 있는 필리핀 방면으로 가는 항로로 브루나이와 인도네시아 동북부의 말루쿠Maluku제도까지 이어진다. '서양'은 인도차이나, 말레이반도를 거쳐 수마트라로 이어지는 항로를 의미했다. 따라서 서양으로 가라는 황제의 명은 남중국해 원정을 지시하는 것이었다. 하서양 원정은 대체 무엇을 의도한 것인가?

영락제는 자가 주체朱棣이며, 명 태조 주원장朱元璋의 넷째 아들로 태어나 연왕의 자리에 올랐다. 그는 왕의 신분에 만족하지 않고 황위를 찬탈하기 위해 1400년에 '정난靖難의 변'을 일으켰다. 당시 제2대 황제였던 조카 건문제(재위 1338~1402)를 폐위시키고, 1402년에는 스스로 황제가 되었다. 사실 영락제는 신생국가 명나라의 기반을 튼튼하게 다진 황제라 해도 과언이 아니다. 세계 대제국을 이룩했던 몽골의 원나라를 북으로 몰아내고 개국한 명은 새로 나라를 세우기는 했지만 정치적 혼란과 계속된 전쟁으로 인해 대내외적으로 여전히 불안정한 상태였다. 영락제는 북방의 유목민을 견제하기 위해 수도를 남경南京(난징)에서 북경北京(베이징)으로 옮기고, 자금성紫禁城을 건설하며 수도 재건에 힘을 기울였다. 제도를 정비하고 주변 국가들과의 외교를 강화하며 강력한 통치를 펼쳤다. 양쯔강과 황허강을 잇는 수나라 때의 대운하를 수복하는 업적을 남기기도 했다.

황위를 찬탈한 영락제는 자신의 권력을 강고하게 만들기 위해 곧바로 건문제의 측근을 숙청하기 시작했고 끊임없이 주변에 대한 경계를 강화했다. 황제의 지위를 빼앗았으나 정치적인 정당성이 없는 상태였기 때문에 자신에게 쏟아질 비판을 무마하고 조정의 관심을 외부로 돌리기 위해 심복 정화를 남해로 보내 대규모 원정을 단행했다고도 전해진다. 영락제는 재위 기간 내내 북방의 몽골 원정과 남해 원정을 지속적으로 시행했다. 그가 남방과 북방 양쪽에서 대규모 원정을 주도할 수 있었던 것은 명 초기에 이룩한 경제성장이 뒷받침되었기 때문이다. 명 태조 주원장은 건국과 동시에 농업 진흥책을 추진하여 지방의 농업 생산력을 크게 증가시킨 터였다. 비록 정변을 일으켜 정권을 잡기는 했지만, 영락제는 신속하게 사회 안정을 꾀하는 정책을 폈다. 경제를 회복시켜 국가 재정을 확충하는 데 성공했고, 정화의 항해가 가능할 만큼 나침반과 항해도를 사용한 항해술과 함선을 만드는 조선술을 발전시켰다. 선박을 만드는 기술은 여러 차례 시행착오를 겪은 뒤에야 발전할 수 있었다. 이 모든 것이 원거리 항해를 가능하게 해 정화의 선단이 멀리 아프리카까지 닿을 수 있도록 했다.

그런데 『명사』에도 언급되었듯, 영락제가 즉위 4년째에도 자신이 황위를 빼앗은 건문제의 시신을 찾지 못했기 때문에 정화를 보내 찾으려 했다는 이야기도 있다. 그 무렵 황제의 지위에서 내쫓긴 건문제가 바다를 통해 해외로 도주했다는 소문이 돌았다. 영락제는 건문제의 시신을 찾을 때까지 마음을 놓을 수 없었다. 언제 누가 건문제를 다시 옹립하여 자신을 공격할지 모르는 상황이기 때문이었다. 하지만 이를 입증할 수 있는 신뢰성 있는 역사적인 기록이 없으므로 건문제를 찾도록 정화를 보냈다는 설명은 정설로 받아들여지고 있지는 않다.

다양한 설이 난무한 가운데, 영락제가 정화의 대규모 함대를 보낸 목적은 남아시아와 동남아시아의 여러 나라를 명에게 복속시키고 조공을 받으려는 것이었다고 보는 견해가 가장 일반적이다. 중국은 송대, 특히 남송 이래 지속적으로 바다로 진출하려 했기에 자신들이 바다를 장악할 수 있는 막강한 군사력을 지니고 있음을 과시하려 했다는 것이다. 당시 중국의 비단만 유럽과 서아시아에서 인기가 높았던 것이 아니었다. 이미 남북조시대에 물꼬가 트인 중국과 동남아시아, 남아시아, 서아시아의 교역은 설탕과 후추, 침향, 정향 같은 다양한 향신료와 코뿔소 뿔, 상아, 물총새 깃털 등의 사치품에 대한 중국인의 기대치를 한껏 높여놓았다. 당나라 시기부터 외국의 특산품에 대한 수요는 폭발적으로 증가했고, 남아시아, 동남아시아에서 유입된 향신료는 중국의 음식문화와 한의

학 발달에 지대한 영향을 미쳤다. 수요가 급증하다 보니 단순히 조공이라는 형식으로 들어오는 특산물에 만족하긴 어려웠을 것이다. 대륙을 제패하고 유럽 일부까지 점령했던 원 제국은 육로를 통해 거의 모든 것을 구할 수 있었지만 새로 일어난 명은 그렇지 못했다. 여전히 북방에 남은 몽골족과 새로 힘을 키워가는 만주족 등 유목민족들을 견제하면서 육로를 확장할 수는 없었기 때문이다. 아마도 명이 처한 대륙의 지정학적 위치가 정화의 바닷길 개척을 촉진했을 것이다. 고급문화에 익숙해진 상류층의 취향을 만족시키고, 사치품과 각종 산업용 원자재의 수요를 충족시키기 위해서는 대규모 해상무역이 필요했다. 하지만 정화의 원정으로 인해 명대 초기에 크게 발전했던 조선술과 항해술은 이후 조정이 바다로의 문을 폐쇄함과 동시에 퇴보할 수밖에 없었고, 해양강국이 될 수 있었던 중국의 기반은 무너지고 말았다.

다른 한편으로는 원명 교체기 정국의 혼란이 이어지던 시절 살기가 강퍅해 고향을 버리고 유랑하던 백성들을 회유하기 위해 정화의 함대를 보냈다는 견해도 있다. 원명 교체기 혼란 와중에 고향을 등지고 나라 밖으로 나가거나 떠돌아다니는 유민이 발생했다. 영락제는 3년에 걸친 권력 싸움 끝에 황제의 자리에 오르자 나라 밖으로 떠도는 유민들을 적극적으로 유인해 귀국시키고, 바다를 떠돌며 노략질을 하던 해적을

소탕하거나 이들이 귀순하여 명의 영토에 정착하게 함으로써 민심을 안정시키려 했다. 유민이 계속 발생하면 지역이 황폐해져 농업사회인 명나라의 기반이 약화하며, 충효忠孝와 장유유서長幼有序 같은 유교 이념에 바탕을 둔 지역사회의 질서가 무너진다는 것을 염두에 둔 정책임을 충분히 짐작할 수 있다. 또한 원이 멸망한 지 약 40년이 지났음에도 유랑하는 백성들이 여전히 많다는 것은 그들이 명나라의 국가로서의 정통성을 인정하지 않거나 국가의 보호를 인정하지 않는다는 것을 의미했다. 그러므로 유민의 존재는 새로운 나라 명과 천자의 명예를 훼손하고 국가의 안정을 침해하는 일로 간주될 수 있었다. 따라서 영락제는 태조의 치세였던 홍무 연간(1368~1398)부터 시행된 해금령을 지속적으로 시행하는 한편 해외로 떠난 유민들이 본국으로 돌아오게 하기 위한 노력을 아끼지 않았다. 그에 따라 유민들의 귀국을 촉진할 한 가지 방편으로 정화의 함대를 파견했으리라는 지적이 일리가 없는 것은 아니며, 이러한 측면에서 본다면 일견 성공을 거뒀다고도 할 수 있다.

    정화 함대의 파견, 베트남 정벌 및 북벌에 소요된 막대한 재정은 나라를 피폐하게 만든 요인이 되기도 했다. 아마도 정화

《《
17세기 유럽인의 중국과 동남아시아 인식을 보여주는 셀든 지도
(영국 옥스퍼드 대학 보들리언 도서관 소장, 영국 변호사 존 셀든의 수집품)

의 대함대를 일곱 차례나 내보내는 데 들어간 물자와 인력은 상상을 초월할 정도였을 것이다. 결국 영락제가 죽은 후, 명 조정과 대신들은 더 이상 함대를 보내지 않고, 바다로의 진출입을 막는 해금령을 강화하며 나라의 빗장을 걸어 잠갔다. 이후 영락제의 손자였던 선덕제宣德帝(재위 1425~1435)가 다시 7차 원정을 지시했지만, 이를 마지막으로 1405년부터 1431년까지 진행된 정화의 원정은 대단원의 막을 내리게 되었다.

말레이시아 믈라카의 거리 벽화에 묘사된 정화와 그의 함대.

chapter 1 2

정화는
누구인가?

그러면 정화는 어떤 사람이었을까? 잘 알려진 대로 그는 중국 서남부 운남성 곤양昆陽(진녕)에서 태어난 무슬림이다. 운남 지역에는 10세기경 은사평殷思平이 건국한 대리국大理國이 수립되어 송에 조공을 바치다가 1253년 몽골에 함락되어 중국에 병합되었다. 이 과정에서 이 지역에 살던 많은 타이족이 남하하여 오늘날의 태국 내륙 수코타이 Sukhothai로 이동했다. 중국과 동남아는 지리적으로는 아시아 대륙으로 붙어 있지만 험준한 산악지대와 밀림이 가로막고 있기 때문에 육로 통행이 매우 어렵다. 그나마 육로 통행이 가능한 곳이 미얀마, 베트남, 라오스와 연결되는 위치에 있는 운남이므로 이 지역은 문화적으로 복합적인 양상을 보인다. 오늘날도 운남은 몽골고원과 미얀마를 연결하는 군사적 요충지이며, 금과 은을 비롯한 다양한 광물의 산지다. 몽골은 유라시아 교역에서 은을 일종의 기축통화처럼 썼기 때문에 은 산출지인 운남을 매우 중요하게 여겨 1267년에 광산을 총괄하는 제로동치총관부諸路洞治摠管府를 설치하고 뒤이어 운남행성雲南行省을 설치했다. 운남에서 채굴된 은은 원 제국에서 몽골의 지배층에 하사되었고 일부는 이슬람권으로 흘러 들어갔다.

'정화'라는 이름은 환관이 되어 영락제에게 하사받은 이름이고, 원래 이름은 마삼보馬三保이다. 독실한 이슬람교도였던 그의 아버지 마합지馬哈只는 이슬람의 창시자인 무함마드의 후손이라는 의미에서 '마'라는 성을 썼고, '합지'라는 이름도 이슬람교의 성지 메카Mecca를 순례한 사람에게 붙이는 존칭인 하지haji를 한문으로 음역한 것이다. 얼마나 독실한 무슬림인지를 알려주는 이름이다. 마합지와 마삼보의 선조는 칭기즈 칸Ghenghis Khan이 중앙아시아의 호라즘Khwarezm 왕국을 정벌하러 원정했을 때 부하라Buhara에서 몽골 조정에 귀순한 사이드 아잘 샴스 알딘Sayyid Ajall Shams al-Din이라고 전한다. 사이드 역시 무함마드의 직계 후손을 칭하는 타이틀이다. 사이드 아잘은 귀순한 이후 원 세조 쿠빌라이 칸Khubilai Khan(재위 1260~1294)의 조정에서 일하면서 운남성 총독을 지내고 운남을 개발하는 일에 적극 참여했다.

1381년 태조 주원장이 원의 지배 아래 있던 운남성을 공격하여 점령했을 때, 당시 어린 소년이었던 정화도 포로가 되었다. 겨우 열 살이었던 정화는 다른 소년들과 함께 명나라 군대의 전령으로 편입되었다가 1390년 연왕 주체에게 헌상되었다. 정화는 비록 어렸지만 부대 안에서 전투와 외교에 능해 하급 군관의 역할을 수행하면서 상관의 이목을 끌었으며, 궁중의 여러 인사와도 교분을 나누었다고 한다. 워낙 기골이 장대했고 군사적 지략이 뛰어났던 까닭에 1399년 연왕이 정난의 변을 일으켜 건문제의 황위를 찬탈할 때 그를 도와 크게 공을 세웠다. 이로 인해 1402년 연왕이 마침내 영락제로 즉위하자 황제의 총애를 받게 되었으며, 황제로부터 '정鄭'이라는 성을 하사받고 환관의 최고위 직급인 태감이 되었다. 전하는 바에 따르면 정화는 키가 7척(1척은 약 30.3센티미터)이 넘었다고 하니 거의 2미터는 되었던 모양이다. 게다가 수려한 용모, 무인다운 위엄이 넘치는 풍채를 지녔다고 한다. 또한 그는 병법과 지략뿐만 아니라 학문에도 능통했으며 매우 겸손한 인물이었다고 한다. 훗날 그의 이름을 그대로 따라서 삼보태감이라고 불렸으며, 역사상의 유명한 환관이었던 사마천司馬遷, 채륜蔡倫 등과 함께 환관 중의 영웅으로 간주되었다.

정화가 해양 원정을 이끌게 된 데는 무슬림 환관으로서의 정체성이 어느 정도 작용한 것으로 보인다. 일찍이 쿠빌라이 칸은 국제적 감각을 갖춘 중앙아시아 출신 무슬림 상인을 포함한 외국인들을 우대하여 원과 피지배자인 한족 사이에서 중간자 역할을 수행하게 했다. 이에 따라 중앙아시아의 무슬림이 중국 영토로 많이 이주하였고, 정화의 가문도 그중 하나였다. 일부 학자들은 환관이 해군제독에까지 이른 것이 한조부터 내려오는 중국 전통이었다고 주장하기도 한다.[2]

정화는 35세 때부터 약 30년간을 바다에서 보냈다. 정화는 무장으로서뿐 아니라 지휘관으로서도 탁월한 능력을 지녔고, 이를 인정받았던 것으로 보인다. 앞에서 언급했듯이 3만 명에 가까운 인원을 일사불란하게 움직이고 통제할 수 있는 지휘력이 있었기 때문에 일곱 번이나 선단을 이끌고 항해를 나갈 수 있었을 것이다. 1424년 영락제가 사망한 후에 홍희제洪熙帝(재위 1424~1425)가 새로 황위에 올랐는데 그는 막대한 비용이 소요되는 해상원정을 중단시켰다. 정화는 자신과 함께 남해로 떠나던 원정군을 해산시키기 위한 위수사령관에 임명되어 남경에 부임했다. 하지만 홍희제의 뒤를 이어 황제가 된 제5대 선덕제가 다시 남해로 함대를 보내기로 하고 정화를 불러들였다. 1431년 겨울, 이전보다 대폭 축소된 선단을 이끌고 동남아시아·홍해 등을 방문한 것이 그의 마지막 원정이 되었다. 그러므로 영락제의 명을 받아 떠난 원정이 6회, 선덕제의 명을 받은 것이 1회인 셈이다. 1433년 여름에 마지막 원정에서 돌아온 정화는 1435년에 숨을 거두었다.

흔히 정화의 대항해로 말미암아 중국이 동남아시아 국가들을 복속시켰다거나 영향력을 행사할 수 있었다고 이야기하기도 한다. 그러나 사실상 영락제의 뒤를 이어 즉위한 홍희제 때부터 명은 바다를 통한 외국과의 왕래나 교역을 중지한 셈이므로 공적인 차원에서 사신들이 오간 것 이상으로 동남아시아 국가들에 명이 영향력을 미쳤다고 말하기는 어려울 것이다. 물론 영락제가 엄청난 비용이 들어가는 막대한 규모의 선단을 꾸려 정화를 보낸 데 대해서 동남아시아의 여러 국가로부터 조공을 받는 것이 일차적 목적이었다는 견해가 지배적이기는 하다. 아울러 세계만방에 명나라의 위세를 과시하고, 값비싼 사치품을 수입하여 황실의 수요를 감당하며 일부는 대신들에게 나누어 주려는 목적도 있었을 것이다. 만일 영락제가 목표한 것이 정말 이것이었다면, 실리적으로 명에 이득이 되는 일이었을지 단언하기 어렵다.

3 | chapter 1

정화 원정대가 들른 동남아시아의 나라들

1차 항해

1405년 6월 영락제는 환관 정화에게 대규모 선단을 이끌고 남해로 떠나게 했다. 그의 선단은 62척의 대형 선박과 항구를 드나들 수 있는 작은 배 200척, 2만 7800여 명의 병사 및 의원과 역관으로 구성되었다. 크고 작은 선박의 수와 병사 및 승조원의 수를 보아도 얼마나 대규모인지, 이를 위해 얼마나 오랜 시간 동안 준비했을지는 미루어 짐작하기 어렵지 않다. 함대는 황제의 명을 받아 구성된 것이었으므로 계급과 직위에 따라 편성된 군대 체제를 갖추었다. 함대는 사실상 명을 대표하여 외교, 정치, 상업적 교역을 모두 할 수 있는 작은 사회였다. 일사불란하게 움직이기 위해 정연하게 체제가 잡혀 있었는데, 최고 지휘권을 가진 정화와 왕경홍이 정사正使 태감의 지위에 있었고, 그 아래 감승監丞, 소감少監, 내감內監 직위에 있는 환관들이 상층 지휘부를 이뤘다. 이들은 함대를 통솔하여 항해를 지휘하고, 각기 처한 상황에 맞게 대처하는 역할을 했다. 군사를 직접 통솔하는 역할은 도지휘都指揮, 지휘指揮, 천호千戶, 백호百戶, 기교技巧, 역사役使, 군사軍使가 담당했다. 기교와 역사는 기수와 악대를 통솔하여 경우에 맞게 의장, 행렬을 함으로써 명의 사절단으로서 권위에 걸맞는 의례를 베푸는 일을 맡았다.

강소성江蘇省(장쑤성) 소주 유가항劉家港을 출발한 정화의 선단은 남중국해를 거쳐 오늘날 베트남 중부의 참파에 잠시 정박했다.[3] 유가항은 원래 강남에서 수확한 곡식을 집하해 내보내는 곡물 반출 항구였다. 원대부터 명대까지 중요한 항구였으며 양쯔강의 퇴적으로 인해 강의 수심이 낮아진 18세기까지 해상운송의 거점이자 대외무역항 역할을 했던 곳이다. 유가항에서 출발한 정화의 함대는 중국 남부 해안선을 따라 남으로 항해하여 복건성 장락현長樂縣 태평항太平港으로 갔다. 태평항은 만이 넓게 펼쳐진 곳에 위치하여 조류의 흐름을 타기가 좋고 바람을 기다리기에 안정적인 항구였으므로 많은 배들이 이곳을 대기항으로 삼았다. 교역을 위해 오가는 배들이 대개 이곳에서 봄과 여름에는 서남풍을 이용하여 천주泉州(취안저우) 방향으로 가고, 가을과 겨울에는 동북풍을 타고 남중국해로 항해했다. 정화 역시 이곳에서 오랜 항해를 버틸 수 있도록 물과 물자를 보충하고 배를 수리하면서 적당한 계절풍이 오기까지 기다렸다.[4]

정화의 대함대는 태평항을 떠나 베트남 중부 신주항新州港(오늘날의 뀌년Quy Nhơn)에 들렀다가 다시 항해를 계속하여 칼리만탄Kalimantan을 통과해 동부 자바로 갔다. 당시 자바는 중국 화폐가 통용될 정도로 이주 중국인이 많았는데, 수라바야, 투반 등지에 사는 중국인이 각각 1000가구가 넘었다고 한다. 송대 이래 후추와 유황 등을 중국으로 수출했던 동부 자바의 마자파힛Majapahit 왕조는 이 당시 쇠퇴기에 들어 각기 동쪽과 서쪽을 다스리던 두 명의 왕이 다툼을 벌이고 있었다. 이 왕위쟁탈전에 정화가 개입하여 170여 명의 사상자를 낸 끝에 서왕이 마침내 굴복했다. 왕은 황금 1만 냥을 명에 바치며 영락제의 용서를 구하고 해마다 조공사절단을 보냈다. 마자파힛에서는 중국인을 출신지에 따라 세 부류로 나눴는데 중국 광동廣東(광둥), 장주漳州(장저우), 천주에서 이주한 사람들이었다고 한다.[5] 이들은 고향의 종교, 풍속, 언어를 이곳에서도 계속 유지했다.

말레이반도의 믈라카 왕국은 정화를 통해 중국과 조공관계를 수립한 이후 시암 왕국(오늘날의 태국)이나 자바의 공격이나 간섭으로부터 중국의 보호를 받을 수 있었다.[6] 『명사』 실록과 『영애승람』은 왕국의 시조인 파라메스와라Paramesvara가 500여 명의 신하와 왕비, 아이들을 이끌고 정화의 함선을 따라 명나라를 방문했다고 전하고 있다.[7] 뒤에 다시 설명하겠지만 이는 역사적 사실이다. 믈라카는 계속되는 시암의 침략에 노출되어 있었고, 대국인 중국과 긴밀한 관계를 유지함으로써 어느 정도 보호를 받을 수 있다고 생각하여 기꺼이 명의 조공국이 되었다.

 영락제는 1405년 영파寧波(닝보), 천주, 광주廣州(광저우) 세 곳에 시박사를 설치하고 바다를 통해 외국에서 오는 사신들을 관리하게 했다. 그리고 정화의 함대를 보내 기존에 조공을 바치지 않던 나라들로 하여금 명에 조공을 바치게 했고, 만일 그들이 거역하면 굴복할 때까지 함대를 보냈다. 조공이라는 형식을 빌렸지만 그 배후에서는 훨씬 큰 규모의 공무역과 사무역이 함께 진행되었다. 중국은 번국들이 조공을 하러 오면 그들이 가져온 물품에 대해 세금을 면제하는 특혜를 주었다. 교역품을 가져와 비싸게 팔고 중국의 물품을 싸게 사서 가져가려는 사람들에게 세금 면제는 큰 특혜였고, 외국 상인들은 기꺼이 조공을 바치는 방법을 택했다. 시박사에서는 조공을 온 사절단들을 접대했고, 이들이 가져온 특산물과 동·식물 등의

정화 원정대의 항해 경로

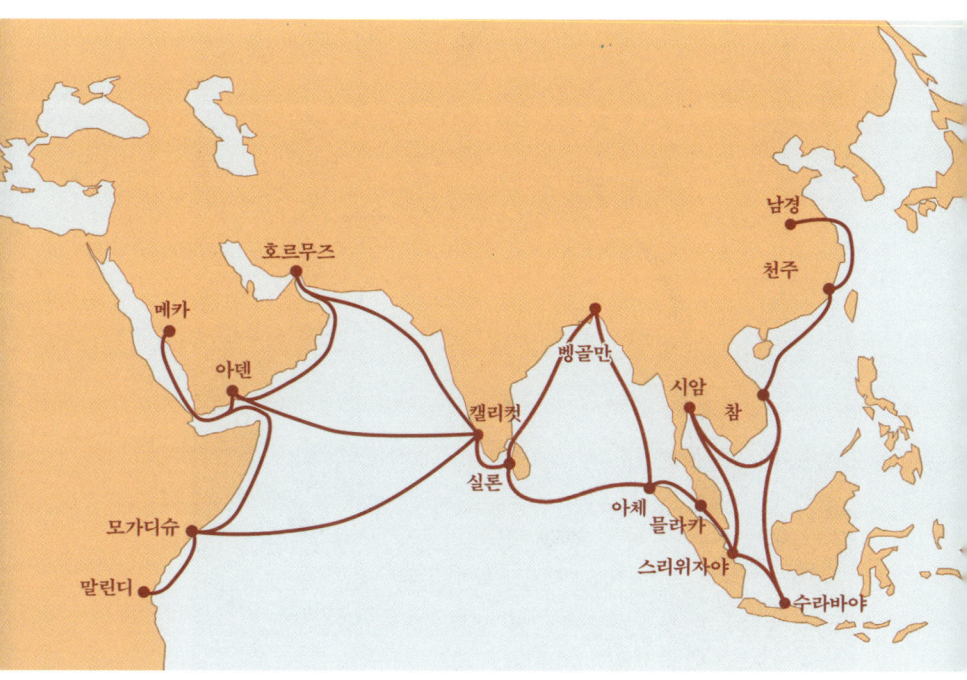

chapter 1　1405년, 정화와 그의 함대

영락제

물품을 놓고 관가에서 호시互市라고 부르는 일종의 시장이 열렸다. 호시 무역은 오직 조공하러 온 선박에 한해서만 허용되었다. 조정은 조공 물품 외에도 막대한 양의 물품을 대가를 지불하고 구매하기도 했으므로 조공 선박의 입장에서 명 황실과 정부는 대단히 큰 구매자이기도 했다. 역으로 중국인들이 배를 타고 나가서 거래하는 교역은 왕시往市라고 불렀다. 물론 1567년 해금령이 풀렸을 때의 일이다. 하지만 이로 미뤄볼 때, 대체로 이와 유사한 형태의 교역이 대대로 이뤄졌으리라는 짐작은 어렵지 않다. 크게 보면 명과 주변국의 교역은 호시, 왕시, 조공의 형태로 나눌 수 있고, 어느 나라나 상인들과의 거래는 전부 이 범주에서 벗어나지 않았다.

정화의 함대는 방카와 수마트라 사이를 통과해 수마트라 동쪽 끝의 도시 팔렘방에 진출했다. 이 시기 팔렘방 역시 오랜 기간 중국 상인들의 밀무역 거점이 되어 있었다. 명은 이른 시기부터 해상진출을 금지하는 정책을 썼기 때문에 이문이 많이 남는 외국과의 교역을 하려는 중국인들은 해적처럼 바다를 떠돌거나 팔렘방 같은 곳에 정착해 밀무역을 했다. 정화는 일찍이 동남아시아로 이주해 팔렘방을 비롯한 인도네시아 여러 항구도시에서 명과 이 지역 간의 교역을 방해하거나 서로 대립해온 이주 중국인 집단을 복속 혹은 결속시켜 일대 해상 교역의 변화를 가져왔다. 팔렘방의 중국인 이주민 공동체를 무력으로 제압하고 현지에 선위사사宣慰使司를 설치한 것도 한 예이다. 중국계 해적 진조의陳祖義의 위계로 공격을 당하기도 했지만, 정화의 군대가 성공적으로 반격해 그를 생포한 일화도 유명하다. 당시 팔렘방에서는 진조의, 시진경施進卿, 양도명梁道明이 현지 통솔권을 놓고 다투고 있었으며 이들을 따르는 사람들이 수천이라고 했다. 정화는 진조의를 잡아 죽이고, 양도명은 명으로 데려갔다. 그리고 광동 출신으로 팔렘방에서 전권을 행사하고 있던 시진경을 속관으로 삼아 이 일대의 화인들을 통솔하게 하는 한편 명에는 조공을 바치게 했다.

중국 기록은 팔렘방에서 수마트라 북부에 도착한 정화 일행이 현지에서 진행되고 있던 왕위쟁탈전에 다시 개입해 술탄 자이눌 아비딘Zainul Abidin의 정통성을 인정하고 그를 아체 왕국의 왕으로 삼았다고 전한다. 하지만 아비딘이 1579년에 왕위에 올랐으며 재위 기간이 그해 몇 달에 불과할 정도로 짧았음을 고려하면 정화가 아체의 왕권분쟁에 개입했다는 기록은 의심스러운 부분이 있는데, 아마도 중국과 수마트라에서 와전된 이야기일 가능성이 크다. 그러나 팔렘방과 아체에서 정화가 군사적인 개입을 한 것은 분명하며, 말하자면 명에 충성을 다짐한 사람으로 정권 교체를 시켰다고 보는 편이 맞을 것이다. 인도네시아에서 명나라의 대군과 그들을 이끄는 기골이 장대한 정화 이야기가 전설처럼 남아 있는 이유는 이와 같은 일화로 미루어 짐작할 수 있다.

수마트라를 출발한 정화 함대는 말레이시아 믈라카, 실론(오늘날의 스리랑카), 남인도 코친Cochin 등을 지나 1407년 초 비로소 인도 남부 캘리컷Calicut(오늘날의 코지코드Kozhikode)에 도달했다. 중국에 전하는 기록과는 달리 당시 동남아시아나 실론의 왕들은 중국식 황제나 왕 같은 전제군주라기보다 현지 항구와 그 주변 지역을 지배하는 수장 정도의 권력자였을 가능성이 크다. 이슬람교가 전해져 그에 기반한 사회 체제가 수립된 지역에서는 항구도시를 지배하는 술탄들이 해상무역을 관장하는 샤반다르shahbandar라는 항만장을 임명했는데, 샤반다르는 항구에 들어오고 나가는 배를 관리, 감독했다. 믈라카처럼 규모가 큰 항구도시에는 여러 명의 샤반다르를 두었는데 이들이 외국에서 오는 무역선을 관리하고 세금을 매기거나 교역을 중개하는 역할을 했다.

캘리컷은 후추와 면직물 수출 항구로 유명했으며, 이곳에서 서아시아 호르무즈Hormuz, 아덴Aden 등으로 갈 수 있었기 때문에 남아시아와 서아시아를 잇는 향신료 교역의 중심지로 기능했다. 각지에서 몰려드는 배와 선원으로 가득한 국제무역항으로 유명한 항구였기에 정화의 선단이 캘리컷에 도달했다는 것은 상징적인 의미가 있었다. 영락제는 자신이 보낸 선단이 공식적으로 중국 역사상 처음으로 인도의 가장 먼 곳까지 도달했다는 점에 만족했다. 정화가 인도에 도착한 지 약 90년 후, 바스쿠 다 가마Vasco da Gama의 함대가 아프리카 희망봉을 돌아 인도에 이르는 항로를 발견했지만, 그의 함대는 120톤급 배 3척, 선원 170명에 불과했으니 정화의 선단과는 비교도 되지 않는 작은 규모였다. 정화는 첫 항해에서 나침반과 항해도를 이용했는데, 이 역시 당시로서는 매우 선진적인 항해법을 개척한 것이었다.

『영애승람』에는 함대가 현지에 도착하면 큰 배는 외곽에 정박하고, 작은 배가 항구로 들어가 물건을 거래했다는 기록이 나온다. 인도 코친의 부자들은 보석, 진주, 향료를 사서 기다렸다가 중국의 선박이나 다른 나라 배를 타고 온 상인들에게 판매했는데 진주는 개당 가격을 매겨 팔았다. 캘리컷이나 몰디브에서도 역시 같은 방식으로 거래했다. 정화의 함대가 도착하여 황제의 칙령을 목소리 높여 읽고 황제가 하사하는 물건을 내려주면, 현지의 왕이 이를 백성들에게 알리고, 그러면 사람들이 몰려와서 물물교환하는 방식으로 거래를 했다. 인도와 서아시아 현지인들은 주로 값비싼 약재로 쓰였던 유향, 알로에, 몰약, 안식향, 소합향 등을 가져와서 중국의 비단이나 자기와 교환했다. 정화의 함대 역시 막대한 물품을 구매해서 돌아갔는데 그중에는 후추가 가장 많았다. 후추는 일찍부터 남아시아와 동남아시아에서 조공으로 바치던 물품이었기에 중국에 잘 알려져 있었고 그만큼 수요가 많았다. 정화 함대는 당시 동남아에서 최대 후추 구매자였다고 한다. 통상 후추는 현지에서 구매한 가격보다 4배 이상의 값으로 중국에서 팔렸다. 해외에서 들어오는 물건이 서너 배 비싼 값으로 팔리는 것은 오늘날과 마찬가지다.

2·3차 항해

정화가 두 번째로 중국의 항구를 떠난 것은 1407년으로, 1차 항해에서 귀국한 지 며칠 되지 않아서였다. 정화의 1차 항해와 그 성과에 만족한 영락제가 바로 다시 배를 띄우길 원했던 것이다. 이 항해는 기록이 별로 남아 있지 않아 항해에 대해 명확히 이해하기가 쉽지 않다. 이 항해에서 정화의 함대는 참파, 믈라카와 시암, 인도의 캘리컷·코친까지 갔다가 귀국길에 실론을 거쳐 돌아왔다. 대략적으로 참파에서 서남쪽을 향해 7일 낮과 밤을 항해하여 시암의 항구에 도착했다고 하는데 아마도 오늘날의 파타야Pattaya 인근에 있는 항구였을 것이다. 거기에서 다시 메남강을 거슬러 올라가 아유타야에 도착했는데 아유타야 왕궁이 대단히 호사스러웠다고 전한다. 아유타야 왕조의 인타라차 1세Intharacha I는 왕위에 오르기 전에 남경을 방문한 일이 있었으므로 중국에 호의적이었다. 정화는 그에게 은제 도장을 주고 명의 책봉을 받게 했고, 계속 명에 조공을 바치겠다는 약속을 받았다. 아유타야는 중국식 책봉과 조공 체제에 편입되었는데, 태국의 친중국 성향은 이때 이미 시작되었다고 보아야 한다. 비록 약 180년 뒤의 일이기는 하지만 훗날 조선에서 임진왜란이 일어났을 때 명에서 시암에 조선 파병을 요구한 것도 이와 같은 역사적 배경이 있었기에 가능했다.

중국으로 귀환하는 길에 정화는 스리랑카에 자신의 두 번째 항해를 기념하는 비석을 세웠다.[8] 비석은 수도 콜롬보Colombo에서 119킬로미터 떨어진 스리랑카 남부의 도시 갈레Galle에 있다. 1911년에 발견됐는데, 오른편에 한자, 왼쪽 위에 타밀 문자, 아래에 페르시아 문자의 문장이 새겨져 있다. 1409년 2월 15일에 정화가 비를 세웠다는 내용을 담고 있다. 하지만 엄밀히 말해서 1409년이라는 연대는 중국 남경에서 비문이 새겨진 시점을 말하는 것이고, 비석이 세워진 것은 두 번째 원정 때가 아니라 세 번째 항해에서 귀국하던 1411년이라고 보는 견해도 있다.[9] 즉 3차 항해 때 스리랑카에 비석을 세우기로 계획하고, 정화가 다녀갔다는 내용을 남경에서 3개 국어로 새겨서 가지고 왔다는 것이다. 이 견해는 비석을 세운 2월 15일이라는 날짜가 중국에서 남해신南海神에게 제사를 지내는 기간과 일치하기 때문에 정화가 이를 기념하여 비석에 명문을 새기고 가져왔다는 주장에 따른 것이다.

만일 두 번째 항해 때 스리랑카 갈레에 비석을 세웠다면, 남경에서 처음 비석을 만들 때 미래를 기약하며 1409년 언제쯤 스리랑카에 있을 것이라는 예측을 하고 내용을 새겼다는 얘기가 된다. 비석을 새긴 것이 먼저고 세운 것이 나중인데, 비석을

15세기 초 스리랑카 갈레에 세워진 정화의 비석(스리랑카 콜롬보국립박물관 소장)

스리랑카에 세웠다는 연대가 남경에서의 두 번째 출발 이후이기 때문이다. 게다가 정화가 두 번째로 대함대를 이끌고 다시 중국을 떠난 것은 약 열흘 만이었기에 비석을 새길 시간적인 여유가 있었을 성싶지 않다. 따라서 이 비석은 두 번째 항해를 기념하는 비를 세울 요량으로 세 번째 항해를 떠나기 전에 남경에서 제작하여 갈레에 가져갔다고 보는 것이 합리적이기는 하다. 비석에 새겨진 1409년이라는 연도가 반드시 현지에 비석을 세운 연도라고는 볼 수 없는 것이다. 또한 이와 같은 추정이 맞는다고 하면 정화는 자신의 함대가 정박할 항구를 명확히 알고 있었고, 선단의 여정을 계획적으로 준비했다는 이야기가 된다. 중국·인도·페르시아라는 3개 나라의 문자와 각기 다른 신에게 올린 기원, 신에게 바친 봉헌물의 종류를 보면, 정화의 함대는 매우 국제적이며 다문화에 익숙했고 이국의 문화와 종교에 대해 수용적인 태도를 지녔음을 알 수 있다.

현재 정화의 이 비석은 스리랑카 콜롬보국립박물관에 소장되어 있고, 복제본이 중국 남경 보물선공원에 세워졌다. 붉은 빛이 도는 석재를 다듬어 비석을 만들었는데, 한국에서 이수螭首라 부르는 비석 윗부분에는 용 두 마리가 사나운 모습으로 이빨을 드러내고 중앙에 있는 여의주를 희롱하는 모습을 조각했고, 글을 새긴 비면 둘레에는 낮은 부조로 당초문을 둘렀다. 비석의 형식은 중국식을 따랐지만, 외곽의 장식은 상당히 소략한 편이다.

비문의 내용은 대명 황제가 정화를 이곳에 보내고 왕경홍 등이 부처님께 그 일을 아뢴다는 말로 서두를 시작한다. 한자로 쓰인 부분의 비문은 부처에게 공양을 바치니 외국으로 떠나 항해하는 일행을 축복해주고 자비롭게 굽어살피며 여행하는 동안 온갖 재난과 불행에 맞닥뜨리지 않게 해달라는 기원이 중심이다. 아울러 스리랑카의 아담스 피크라는 봉우리에 있는 사찰에 금 1000점, 은 5000점, 자수를 놓은 비단 50필, 직조 비단 50필, 불번佛幡 4점, 고동기古銅器 향로 5점, 금채 고동기 화병 5쌍, 동제 등잔 5점, 금으로 만든 연꽃 6쌍, 향유 2500점 등을 봉헌한다고 밝혔다. 막대한 양의 공양물을 중국에서 가져와 현지에 바쳤으니, 실제 정화의 함대가 실어 와서 동남아와 남아시아 현지에서 선물하거나 교역한 물품의 양 역시 어마어마했을 것이다. 또 비문의 아랍어로 쓴 부분에는 알라신에게 바친다는 글이, 타밀어로는 시바의 현지어 명칭으로 보이는 테나바라이 나야나르Tenavarai Nayanar에게 봉헌한다는 글이 같이 쓰여 있다. 특이하게도 힌두교의 각 신에게도 불교 사원에 바친 것과 비슷한 양의 막대한 봉헌물을 바친다는 내용이 포함되었다. 이로써 정화는 명과의 교역으로 이루고자 하는 평화로운 세상에 대해 힌두 신들에게도 축복과 가호를 빌고자 했다. 결국 갈레의 비석은 단순히 세 언어로 세 종교의

스리랑카의 아담스 피크

신들에게 기원한 것이 항해의 안녕과 평화에 대한 가호임을 말해줄 뿐만 아니라, 이 기원을 상당히 중요하게 여겼기 때문에 엄청난 양의 봉헌물을 바쳤다는 것을 알려준 셈이다.

그러나 정화가 이 비석을 갈레 현지에 세우는 것은 결코 쉽지 않았다. 당시 스리랑카는 세 지역으로 나뉘어 각기 다른 왕이 다스리는, 이를테면 삼국시대에 해당했다. 정화가 스리랑카에 도착해서 처음으로 만난 수장은 알라케슈와라Alakeswara 였는데 그는 이 비석이 자신의 군주권을 침해하는 것으로 간주하고 건립을 허락하지 않았다. 그뿐 아니라 정화의 군대와 접전을 벌여 그들을 도로 배로 쫓아내 인도로 후퇴하게 했다. 하지만 정화 원정대는 다양한 전투와 해전을 경험한 함대가 아니던가? 그들은 다시 스리랑카로 돌아가 전투를 벌여 왕을 납치해 남경의 명 조정으로 데려갔다. 하지만 영락제가 자비를 베풀어 그를 스리랑카로 돌려보냈다고 전한다. 이와 관련하여 흥미로운 것은 중국이 이때 스리랑카의 보물이었던 부처님의 치아, 즉 불치佛齒 사리를 가져가버렸다는 이야기다. 그런데 어느 스리랑카 왕이 중국에 잡혀갔는지에 대해서 중국과 스리랑카에 전해지는 기록이 각기 달라서 정확하게 누가 잡혀갔다고 단정할 수 없다. 양자 사이의 상충되는 역사적 기억을 합리적으로 재구성해보려는 노력이 있었는데, 이에 따르면 정화에게 사로잡혀 명나라로 간 것은 갈레를 포함한 지역에 있었던 코테Kotte 왕국의 왕이었다고 한다. 이 지역을 노리던 약탈자 알라케슈와라가 귀중한 불치 사리를 훔쳐 갈까 봐 이를 미연에 방지하기 위해 직접 불치 사리를 가지고 중국으로 갔으며, 그의 귀국과 함께 불치 사리는 스리랑카로 되돌아왔다고 한다.[10]

정화와 함께 스리랑카의 왕이 명에 도착하자 영락제는 곧 스리랑카를 자신의 영토로 선포하고 공식적인 조공을 요구했다. 1459년 조공 의무를 거부할 때까지 40년간 스리랑카는 명의 요구를 그대로 따랐다. 정화의 함대는 스리랑카 불교계에 중국식 불교, 즉 대승불교적인 영향을 얼마간 미쳤고, 아담스 피크에 새겨진 불족적佛足迹과 시바 신앙 등에도 큰 관심을 표명했다. 중국인들은 또한 스리랑카의 어마어마한 보석과 진주에 주목했다.[11]

1409년 겨울에 정화는 다시 유가항을 출발해 3차 원정을 떠났다. 이때 그의 항해는 인도와 동남아 사이 벵골만에서 인도양을 가로질러 페르시아만의 호르무즈 해협까지 이어졌다. 서아시아까지 갔으니 남아시아 인도 캘리컷까지 갔던 이전 두 차례의 항해 때보다 훨씬 멀리 간 셈이다. 그러나 항로 자체는 2차 항해와 거의 같아서 인도네시아 자바를 거쳐 서북 방향으로 가서 수마트라, 믈라카에서 스리랑카를 거쳐 인도로 향했다. 당시 믈라카는 북쪽의 시암, 남쪽 동부 자바의 마자파힛 왕국으로부터 압박을 받는 상황이었다. 표면적으로는 태국의 아유타야에 예속되어 매번 금 40냥을 아유타야 왕조에 바치던 중에 믈라카에 도달한 정화의 대규모 함대와 병사를 본 믈라카의 왕은 지원을 요청했다. 이에 정화는 영락제를 대신하여 황제의 조칙, 은으로 만든 도장, 광대를 믈라카 왕에게 하사하고 믈라카를 명에 복속시켜 책봉 체제에 편입시키겠다고 요구했다. 대신 명나라가 외부의 적으로부터 믈라카를 보호할 것을 약속하며 이 내용을 적은 비석을 세워 약속을 명확히 하고, 믈라카 왕의 동의하에 명의 물자와 교역품 등을 모아 두는 관창官廠을 두어 원거리 교역의 거점으로 삼았다. 성벽을 둘러싸고 작은 관청 같은 건물과 창고를 세워 함대가 가지고 온 물자를 두고 병사들이 경비를 서게 했다.

이처럼 정화의 방문과 양자 간 협상으로 믈라카 왕국과 명나라 간에는 우호 관계가 성립되었다. 믈라카는 이후로도 명의 함대가 모이는 거점으로 기능하게 되고, 함대들이 필요로 하는 물자가 모여드는 집산 항구가 될 수 있었다. 교역을 위한 물산들이 믈라카로 모여들자, 말레이반도의 작은 어촌에 불과했던 믈라카 항구는 인도네시아, 말레이반도, 태국으로 연결되는 지역 교역망의 거점항으로 부상했다. 믈라카가 작은 나라였음에도 짧은 시간에 급속도로 성장하고, 강대해진 국력을 바탕으로 동남아 지역을 영유하는 교역 강대국으로 성장할 수 있었던 배경에는 정화의 힘이 컸다고 해도 과언이 아니다. 정화의 3차 원정 때 맺은 믈라카와 명의 조공 관계는 믈라카 왕국이 1511년 포르투갈에 의해 멸망할 때까지 지속되었다. 믈라카에 중국인의 이주가 본격적으로 이뤄진 계기가 정화의 원정이라고 알려지긴 했으나, 자바나 수마트라의 예를 보면 정화가 믈라카에 도달하기 전에 이미 중국인들이 현지에 이주해 있었을 가능성이 크다.

정화는 용연향을 얻기 위해 다시 스리랑카에 들렀다. 스리랑카 특산품인 용연향은 향유고래 체내에서 나오는 분비물이 고체로 굳은 것을 말하며, 중국인들은 이 향의 기묘한 형태와 색, 독특한 향으로 인해 이를 용의 침이 굳은 것으로 생각하여 향료나 화장품 원료, 약재로 사용했다. 인도양의 동쪽 출입 항구나 다름없었던 스리랑카에서는 루비, 사파이어, 자수정, 석류석 등의 보석이 많이 생산되었고, 풍요로운 환경을 갖춘 인도 최남단 지역이자 인도양의 섬이라는 지리적인 위치로 인해 믈라카에 이어 3차 원정 이후 정화 함대의 또 다른 거점 역할을 하게 되었다. 그러나 3차 원정 당시 스리랑카 왕국은 정화의 함대가 가지고 있던 각종 보석과 비단 등의 재물을 탐내 공격을 감행했다. 정화는 이들을 격파하고, 명으로부터 책봉을 받기를 거부한 왕과 그의 가족들을 포로로 잡아 1411년 7월 귀국했다.

정화는 1411년까지 도합 세 차례에 걸친 남해 원정을 통해 중국에서 동남아시아, 인도 및 서아시아에 이르는 항로를 개척하고 함대가 거쳐 간 지역 일대의 여러 나라와 책봉-조공 관계를 맺어 무역 거점을 마련하는 데 힘썼다. 이로써 명나라는 동남아시아와 남아시아, 멀리는 서아시아까지 육로가 아니라 해로를 통해 도자기, 비단, 찻잎 등 특산물을 파는 판매 루트를 조성했으며 반대로 이 지역들에서 후추, 상아, 보석, 향료, 진귀한 동물 등을 들여올 수 있었다. 정화의 항해가 그리 오랜 간격을 두지 않고 여러 차례 연달아 진행되었으므로 당시 특정한 세력이 다스리고 있던 동남아시아, 남아시아의 여러 나라가 그의 방문과 요구사항, 교역 물품 등을 예측하고 준비할 수 있었을 것으로 보인다.

4·5·6차 항해

1413년 겨울에 출발한 정화의 네 번째 항해는 경로가 더욱 멀리 확대되었다. 이때부터는 함대가 분대를 구성해 항해하기 시작했다. 본대는 베트남 중부 참파의 꾸년에서 자바-팔렘방-믈라카를 거쳐 수마트라로 향했고, 함대 일부는 말레이반도 클란탄Kelantan에서 파항Pahang을 거쳐 반도를 돌아 믈라카에서 합류했다. 그리고 인도양을 횡단하여 서쪽으로 항해를 계속해 페르시아만의 호르무즈와 아라비아 반도 남쪽의 아덴까지 도달했다. 한 번 서아시아까지 해로를 개척해서 진출한 적이 있으니 그다음에 가는 뱃길은 이전보다 수월했을 것이다. 서아시아에 이르기 전, 수마트라 현지에서는 마침 왕위쟁탈전이 벌어지고 있어 정화는 예기치 않게 그에 개입하게 되었다. 그는 수마트라 왕으로부터 반역자를 토벌해달라는 요청을 받고 이를 해결했다. 그 대가로 정화는 다시 명에 대한 왕의 복속 맹세를 받았다. 이 시기는 이미 수마트라 북부에 이슬람이 널리 퍼져 있던 때로서, 명이 이슬람권의 교역 항구 역시 조공국이자 교역 상대로 포함했다는 점에 의미가 있다.

  수마트라 북부에서 정화의 함대는 다시 둘로 나뉘어 본대는 인도 캘리컷으로 갔다가 호르무즈 해협에 이르러 현지 술탄에게 영락제의 칙서를 전하고, 왕실과 주요 대신들에게 비단을 선물했다. 다른 분대는 용연향을 구하기 위해 수마트라 북부의 아체Aceh를 거쳐 몰디브로 갔다. 오늘날에는 신혼여행지로 각광받는 몰디브는 당시 벵골만과 안다만해(버마해)의 믈라카처럼 인도양 해상교역의 중요한 거점으로 기능했으며 스리랑카와 함께 남아시아와 서아시아를 잇는 항해 요충지였다. 몰디브는 인도, 스리랑카와 지리적으로 가까운 까닭에 일찍이 불교를 신봉했지만, 어느 시점에 이르러 서아시아 상인

다양한 카우리 조개

들이 이슬람을 전파하여 일찍이 이슬람화되었다. 특히 몰디브에서 나는 카우리 조개가 기원 전후부터 상당히 오랫동안 인도, 동남아시아, 심지어 중국 남부에서도 화폐 역할을 했기 때문에 카우리 조개를 화폐처럼 쓰는 몰디브의 관행과 야자 섬유 등의 특산품은 인도양을 오가는 선박을 통해 중국과 서아시아에도 잘 알려져 있었던 듯하다. 이런 까닭에 정화 함대에서 떨어져 나온 분대가 몰디브로 향한 것은 자연스러운 일이었다.

이 분대는 몰디브에서 아라비아해를 횡단해 아프리카 동해에 있는 모가디슈 Mogadishu(오늘날 소말리아 수도), 말린디 Malindi(오늘날 케냐 중부) 등의 여러 항구에 들렀다가 다시 방향을 바꾸어 아라비아반도의 아덴, 도파르Dhofar를 거쳐 호르무즈로 갔다가 명으로 귀국했다. 정확하게 말하면 정화는 아프리카에 가지 않았고 분대를 보낸 것이므로, 정화가 직접 간 가장 서쪽 지역은 호르무즈였다. 그의 분대가 갔던 아프리카는 서아시아의 이슬람 상인들이 금과 상아를 얻기 위해 자주 찾았고, 이주도 했던 곳이다. 특히 말린디의 군주는 사절을 정화의 귀국길에 동행시켰는데 이때 중국에서 성스러운 동물이라고 믿었던 기린을 바쳐서 영락제를 기쁘게 했다. 영락제는 기린을 보고 중국 역사 속 태평성대라고 여겨지는 전설의 요순시대가 자신의 재임기에 도래했다고 감격스러워했다고 전해지는데, 유교 경전에 성군聖君이 다스리는 태평성대가 되면 기린이 나타난다는 구절이 있기 때문이었다. 경전 속 기린은 상상의 동물이므로 실제 기린과는 모습이 전혀 달랐지만, 영락제는 말린디에서 온 기린이 자신의 치세가 태평성대임을 보여주는 분명한 '상서'라고 믿고 매우 기뻐했다.

정화가 도착한 호르무즈는 캘리컷과 더불어 인도와 서아시아 사이의 교역이 이뤄지는 중요한 항구였다. 서아시아, 즉 오늘날의 이란이나 이라크, 사우디아라비아의 말이 인도로 수입되었고, 후추, 육두구 등의 향신료와 인도의 면직물이 서아시아로 수출되었다. 인도의 중요한 산물은 모두 호르무즈를 통해 이라크, 이란으로 들어갔고, 보다 서쪽의 아라비아반도 내륙, 그리고 이집트로 들어가는 통로 역시 호르무즈였다. 그러나 인도뿐 아니라 중국의 산물들도 교역되었는데 특히 인기가 있었던 것은 비단, 도자기 등이며 그 대가로 진주, 호박 등의 각종 보석류와 융단이 주로 교환되었다. 정화는 여기서 다시 영락제의 칙서를 주고 조공을 권했으며 실리적인 호르무즈의 술탄은 이를 받아들여 명에 사절을 보냈다. 호르무즈까지 항해한 정화 함대가 애초에 자신들을 보낸 영락제의 명을 수행하고, 어느 정도 소기의 목적을 달성한 셈이다.

1415년 7월 4차 원정에서 귀국한 정화는 2년 뒤인 1417년 겨울에 5차 항해를 시작했다. 항로는 앞서 오갔던 바닷길과 비슷했고, 동남아시아와 인도에서 들른 항구도 거의 같았다. 그의 원정대는 4차 항해 때처럼 아덴까지 갔으며, 정화는 도중에 함대를 두 분대로 나눴다. 한 분대는 서쪽으로 항해를 계속해서 아프리카 동쪽 해안의 말린디까지 갔다. 정화의 함대는 이번에도 희귀한 물품과 동물 등의 다양한 헌상물을 받아서 귀국했다. 호르무즈에서는 사자, 표범, 아라비아의 말을 진상했으며, 아덴에서는 기린과 긴 뿔을 가진 동물을, 모가디슈에서는 얼룩말과 사자를, 바라와Barawa(소말리아의 항구도시)에서는 낙타와 타조를 바쳤다. 정화는 4차 원정에서 모두 19개 나라를 방문하고 1419년 8월에 귀국하면서 각 나라의 사절을 데리고 왔다. 역시 약 2년이 걸린 항해였다. 1368년에 세워져 겨우 3대 황제가 재위하고 있던 신생국가 명나라의 명성이 동남아시아, 인도, 서아시아는 물론이고 아프리카까지 널리 알려지게 되었다. 그뿐만 아니라 함대가 지나간 해역에 있던 많은 나라가 명이, 아니 영락제가 원하던 대로 명과의 조공-책봉 체제에 편입되었다. 영락제가 수차례에 걸쳐 정화의 함대를 보낸 목적이 세계의 중심국가로서 명의 위상을 공고히 하고 중국을 중심으로 하는 책봉 체제를 확립하는 것이었다면 5차 원정에서 대체로 목적을 달성한 셈이다.

정화의 6차 항해는 귀국으로부터 딱 18개월가량 지난 1421년 2월에 시작되었다. 이 항해는 5차 항해에서 정화와 동행해 중국을 방문한 시암, 수마트라, 호르무즈, 아덴, 모가디슈 등에서 온 16개국 사절단을 돌려보내라는 영락제의 명을 받아 이루어졌다. 정화는 동북계절풍을 이용해 남쪽 바다로 내려가기 위해 서둘러 배를 띄웠다. 계절풍을 이용한 항해였으므로 별다른 도리가 없었다. 그러나 당시 정화의 나이는 이미 51세였다. 따라서 그가 직접 서아시아까지 가지는 않았을 거라는 추측이 합리적으로 보인다.[12] 그만큼 6차 항해에 대해서는 더 이상 기록이 상세하지 않고 당시 정화의 함대가 어디까지 갔는지도 분명하지 않다. 호르무즈까지 갔다는 설과 시암까지만 갔다는 설이 있는가 하면, 그가 보낸 분대는 아프리카 동쪽 기슭까지 항해했다고도 한다. 단지 여러 나라에서 온 사절단을 돌려보내는 데 그치지 않고 유향을 구하려는 목적도 있었다고 한다. 매우 값비싼 원료인 유향은 중국에서 한대 이래 향료 및 한약재, 혹은 화장품 재료로 쓰였기 때문에 그 수요가 많았다.

마지막 항해

정화의 여섯 번째 원정은 1424년 영락제의 사망으로 일단락되었다. 정화는 베트남을 돌아 자바를 향해 항해하다 원정을 중단하고 급히 귀국했다. 영락제의 사후, 1425년에 즉위한 홍희제는 강력한 해금령을 내려 남녀노소 빈부귀천을 가리지 않고 해상으로 나가는 것을 금지했으며, 이를 어기면 엄벌에 처한다고 선언했다. 홍희제가 막대한 경비가 들고 이익이 별로 없다는 이유로 해상원정을 중단시킨 것은 충분히 납득할 만한 일이었다. 그러나 황제가 된 지 불과 8개월 만에 홍희제가 붕어하고, 뒤를 이어 즉위한 장남 선덕제는 아버지와는 생각이 달랐다. 그는 할아버지인 영락제의 뜻을 이어받아 예전 방식대로 정화를 함대 총지휘자로 임명하고 다시 해상원정을 추진했다. 당시 이미 60세가 넘은 고령으로 오랜 항해를 견디기는 무리라고 생각했던 정화는 선덕제의 황명과 그가 내린 관직을 거절하려고 했지만, 대함대를 이끌고 먼 항해를 떠나 군속과 함대를 제대로 지휘할 만한 마땅한 인재가 없었기 때문에 하는 수 없이 선덕제의 명을 받들어야 했다.

  1431년 2월부터 1433년 7월까지 정화는 마지막 원정길에 올랐다. 이전의 원정들과 비슷하거나 좀 더 긴 기간 동안 다시 항해한 것이었다. 그는 함대 중 일부를 이슬람교의 성지 메카에 파견해 선원들로 하여금 무함마드의 묘를 참배하게 했는데 이것이 중국인이 메카를 방문한 최초의 사례라고 한다. 이때 일행이 카바Kaaba 신전을 방문하고 다음과 같은 기록을 남겼다. "이 신전에는 성벽을 에워싸는 466개의 문이 있고, 문

사우디아라비아 메카의 카바 신전

양쪽에는 백옥제 기둥이 세워져 있는데 기둥의 수는 467개이다. 앞에 99개, 뒤에 101개, 왼쪽에 132개, 오른쪽에 135개이다." "메카 서쪽으로 하루 정도 걸리는 거리에 메디나가 있다. 성인 무함마드의 묘는 이 성 안에 있다."

7차 원정에서 돌아온 1433년 정화는 병을 얻어 영영 자리에서 일어나지 못하고 세상을 뜨고 말았다. 이후 철저하게 사농공상을 따지며 농업을 중요시하고 상업과 무역을 하찮게 여긴 명의 사대부들은 정화의 업적을 깎아내리고 무시했으며 그의 함선들을 양쯔강에 처박았다. 이후 목종穆宗 융경제隆慶帝 (재위 1567~1572)가 해금령을 일시적으로 폐지할 때까지 중국인이 바다로 나가는 일은 공식적으로 금지되었다.

중국 정사와 기타 문헌에서 정화가 자세히 다뤄지지 않은 것은 이와 같은 명의 정책 변화와 그로 인한 후세의 폄하에 기인한 것으로 볼 수 있다. 어떤 의미에서 정화는 영락제의 가장 중요하고 잘 알려진 외교사절이었지만, 보는 시각에 따라서 정화의 해외 원정은 아무 의미 없이 막대한 국가 예산을 낭비하고 영락제의 허영을 만족시켜준 것에 지나지 않을지도 모른다. 특히 후대의 사대부들은 그렇게 생각했다. 명나라에서는 해금령이 부활하여 정화가 이룩해놓은 제해권을 모두 잃게 되었으니 그의 원정이 국익에 전혀 도움이 되지 않은, 정말 아무 일도 아니었다고 평가할 수도 있다. 하지만 그의 일곱 차례에 걸친 원정으로 인해 중국은 몽골의 원나라와는 다른 의미에서 다시 세계에 알려지게 되었다. 특히 태국과 인도네시아, 스리랑카와는 좀 더 긴밀한 관계를 유지할 수 있었고, 어떤 형태로든 여러 나라에 영향력을 행사할 수 있게 되었다. 비록 정화의 원정과 그 영향력이 오래 지속되지 못했다는 점에서 한계가 명확했고, 중국을 교역 대국으로 발전시키는 데는 실패했지만, 그것은 명의 정치적 상황과 관료들 때문이었다고 볼 수 있다.

정화의 원정은 중국의 도자기, 비단 같은 특산물을 수출하고 동남아 여러 나라의 후추, 상아, 향료 등을 수입하는 국제 교역이 이루어지는 계기를 마련했다. 어느 쪽이든 영락제 재위 기간에 국한된 것이었고 교역도 공공연하게 이뤄지지는 못했지만, 많은 중국인에게 바다 바깥의 세상과 다종다양한 사람들에 대해 알려줬으며, 이로써 중국인의 해외 이주가 늘어나게 된 것은 분명한 사실이다. 정화의 원정은 중국에 새로운 왕조가 들어설 때 통상 행하던 인접 국가에 대한 행동 방식을 벗어나 군사력과 경제력을 바탕으로 국제적 세력을 과시하는 일이었다. 황제 중심의 천하 체계 속에서 명이야말로 인접 국가 간 갈등의 조정자이자, 질서와 규범의 수호자임을 각인시킨 이벤트였다고 정리할 수 있을 것이다.

chapter

2

동남아시아에 전하는 정화 신화와 사당

chapter 2 | 1

인도네시아의
삼푸콩 사원

중국 역사학자들은 정화의 원정과 그로 인한 해외 진출이 평화적이었다고 주장한다. 유럽인이 동남아시아와 아프리카에 진출하면서 보였던 행태가 지극히 폭력적이고 약탈적이었던 것에 비하면, 애초에 전도나 선교를 내세우지 않고 조공과 책봉을 목적으로 한 정화의 원정이 기본적으로 비폭력적이었던 것은 분명하다. 하지만 앞에서 살펴봤듯이 정화 원정대가 스리랑카나 동남아 현지의 권력 다툼이나 왕권쟁탈전에 개입한 적이 여러 번 있었고, 이 개입에는 당연히 폭력이 수반되었다. 정화가 중국식 책봉 질서를 잡는 일에 골몰했던 것은 명확하다. 그런데 많은 재물과 비단,

도자기 등의 값진 물건을 가져가서 상대국과 평화로운 교역을 하거나 이들을 조공 체계로 편입시키기도 했다. 그에 따라 특히 인도네시아, 말레이시아 등지에는 정화에 관한 기억과 전승이 폭력적이고 약탈적인 것보다는 대인, 부유한 상인 등의 이미지로 굳어진 것으로 보인다. 또한 중국인들이 동남아로 이주했을 때, 현지의 정화에 대한 기억으로 인해 결과적으로 훨씬 더 우호적이고 평화로운 분위기에서 정착할 수 있었으리라는 점 역시 짐작하기 어렵지 않다.

일곱 차례 남해 원정을 하는 동안 정화는 특히 여러 번 인도네시아에 갔다. 주로 자바에서 블리퉁 쪽의 방카 해협을 거쳐 수마트라 팔렘방 방면으로 가는 방식이었다. 팔렘방은 수마트라에서 가장 동남쪽에 있는 항구이므로 가장 북서쪽의 반다 아체에 이르기까지 정화의 함대는 곳곳에 들렀고, 또한 칼리만탄과 티모르Timor섬도 방문했다. 그에 따라 인도네시아 전역에 정화와 관련이 있는 전설과 유적이 남아 있다. 인도네시아 사람들은 정화를 삼보태감 혹은 삼보대인三保大人이라 불렀지만 자바에서는 담포 아왕Dampo Awang이라 불렀으며, 그가 부유한 선장이며 사람을 잘 도와주는 착한 상인이었다는 전설이 전해 내려온다.

인도네시아와 말레이시아 사람들은 정화를 모신 사원을 세우는 데 그치지 않고 다양한 방법으로 수백 년 전의 정화를 기리고 있다. 가령 자바 동부 커디리Kediri에는 정화가 대유 기리 소지 공주와 사랑을 했다는 이야기가 전해지고, 치르본에 있는 한 사원은 정화가 하룻밤 만에 뚝딱 지었다는 전설이 있다. 발리의 린자니Rindjani에 세워진 사원에는 정화의 요리사가 사용했다는 식칼과 슬리퍼, 담뱃대가 보존되어 있다. 상식적으로 500년도 전에 썼던 칼과 슬리퍼가 21세기인 지금까지 남아 있을 수가 없다. 그런데도 정화의 이름을 끌어들인 기념물이 있다는 것은 흥미롭다고 하지 않을 수 없다. 또 반다 아체의 한 박물관에는 정화가 원정 당시 현지의 왕에게 기증한 차크라 도냐Cakra Donya라는 종이 전시되어 있다. 청동종은 수백 년이 지나도 보존할 수 있으므로 정말로 정화가 현지에 주고 간 것일 수도 있지만, 이 역시 확인이 쉬운 일은 아니다. 한편 수라바야에서는 매년 정화를 신격화하여 기리는 축제를 벌인다. 지난 2005년에는 중부 자바의 도시 스마랑에서 정화 도래 600주년을 맞아 기념식이 열렸는데, 여기에는 15세기 정화에 대한 기억을 되살려 현재의 스마랑을 교역 중심지이자 종교적 관용의 도시로 이미지화하려는 전략이 숨어 있다.

 인도네시아 각지에 전하는 정화와 관련된 전설도 매우 다양하다. 발리에는 더울 때 손으로 바람을 일으키는 손부채질이 정화가 하던 동작을 따라 한 것이라는 믿음이 있다. 원래 중국에서 이주한 화인들은 동남아의 과일 두리안을 먹지 않았다.

반다 아체 차크라 도냐

chapter 2 동남아시아에 전하는 정화의 신화와 사당

그런데 현지에 전염병이 돌았을 때 정화가 약으로 두리안을 먹으라고 권해 먹었더니 전염병이 나았고, 그때부터 아주 중국인들이 두리안을 먹게 되었다고 한다. 삼보공어三保公魚라고 부르는 커다란 물고기도 정화의 풍채를 닮았다고 해서 붙여진 이름이다. 이 밖에도 인도네시아에서 나는 특정한 동식물에 얽힌 정화의 전설이 적지 않은 것을 보면 인도네시아에 미친 정화 함대의 충격과 파급력을 짐작할 수 있다.

정화의 원정 이후 수백 년간 인도네시아 화인 커뮤니티의 구심점 역할을 해온 정화 사당들이 화인의 종교적 정체성에 부합하는 중국 전통의 유·불·도교 사원 형태였다는 점은 의문의 여지가 없다. 정화를 기리는 사원은 수라바야, 스마랑, 치르본 등지에 세워졌다. 각지의 사당 중에서 가장 유명한 곳은 인도네시아 중부 자바 스마랑의 삼보묘이다. 삼보묘는 중국식으로 부르는 이름으로, 현지어로 삼푸콩 또는 거둥 바투Gedung Batu 사원이라고도 널리 알려졌다. 인도네시아에서 가장 오래된 중국식 사원이며 정화를 기념하여 세운 곳이라고 전한다. 정화가 가랑Garang강을 거슬러 올라 현재의 스마랑에 도착했을 때 세운 사원이라고 전하지만 명확한 증거는 없다. 현지에 전해지는 이야기를 따르면 1400년대 초반에 세워졌다는 이야기인데 사실상 그 시기에 이 정도 규모의 중국식 목조건물을 지을 수 있었다고 보기는 어렵다. 아마도 훨씬 후대에, 스마랑에 중국인 이주민들이 대거 늘어난 후 그들이 지은 사원에 정통성을 부여하기 위해 정화의 이야기를 가탁해서 전설처럼 만들었을 가능성이 크다.

전설에 가까운 그 이야기에서는 배에서 내린 정화가 바위산 한쪽에서 동굴을 발견하고 자신의 기도처로 삼았고, 동굴 근처에 작은 사원을 세웠는데 이곳이 바로 삼푸콩 사원이며, 정화가 기도하던 동굴이 있던 자리에는 갑자기 작은 연못이 생겼다고 한다. 정화가 자바를 떠나기 전 부관 왕경홍이 병에 걸려 심하게 앓았다. 그러자 병든 왕경홍을 서늘한 동굴에서 치료받도록 하고 정화 일행은 다시 먼 항해를 떠났다. 다시 원정길에 나서지 않은 왕경홍과 몇몇 선원들은 동굴에다 정화의 조각상을 세웠다. 이들은 현지인들에게 농작물을 경작하는 법과 무역하는 법을 가르치는 한편 이슬람교도 전파했다고 한다. 왕경홍이 죽자 현지 주민들은 동굴 옆에 그의 무덤을 만들었다. 후대 사람들은 작은 연못 옆에 자신들에게 농사를 비롯해 많은 것을 가르쳐준 왕경홍의 조각을 세웠다. 정화가 애초에 세웠다는 사원은 1704년에 산사태가 나서 무너졌고, 1724년에 현지 화인들이 정화가 기도하던 동굴 옆에 삼푸콩 사원을 복원한 후 수차례 보수 작업을 거쳐 오늘날의 모습을 갖추게 되었다.

스마랑의 삼푸콩 사원은 유교와 불교, 도교적 요소가 가미

된 복합적 사원으로서 중국인과 자바인들이 함께 모이는 종교적 구심점 역할을 하고 있다. 인도네시아어로 클렌텡이라고 불리는 중국식 사원의 외양을 갖추고 있으며, 한쪽에 정화 신상을 만들어 예배를 드린다. 중국식과 자바식 건축물 다섯 기로 이뤄진 공간이다. 삼푸콩이라고 불리는 가장 오래된 사당 외에 다른 사당들은 각기 다른 이름으로 불린다. 그 이름들은 각각 토티콩Tho Tee Kong 사당, 키야이 주루 무디Kyai Juru Mudi 사당, 키야이 장카르Kyai Jangkar 사당, 키야이 춘드릭 부미Kyai Cundrik Bumi 사당이고, 그 외에 음바 키야이 툼펭Mbah Kyai Tumpeng이라 부르는 예배소가 있다.

토티콩 사당은 삼푸콩의 가장 북쪽 끝에 위치하며 사람들이 토지의 신인 복덕정신福德正神의 축원을 받기 위해 들르는 곳이다. 그 옆에 있는 키야이 주루 무디는 정화의 부관 왕경홍의 현지 이름으로, 이 사당은 왕경홍의 시신을 모신 곳이라고 알려져 있으나 사실인지는 확인되지 않았다. 이 사당 남쪽으로는 동굴이 하나 있는데, 그 동굴 안에 있는 제단 위에는 작은 정화 동상이 모셔졌다. 아마도 이 동굴이 정화가 기도하던 동굴이자 왕경홍이 병을 치료하던 곳이었을 것이다. 중앙에 있는 중심 사당 남쪽에 있는 키야이 장카르 사당은 정화가 이곳에 왔을 때 정박하느라 썼던 닻의 이름을 딴 것이라고 한다. 사당 내부에는 원정 기간에 사망한 정화의 선원들을 위해 치

스마랑 삼푸콩 사원

chapter 2 동남아시아에 전하는 정화의 신화와 사당

삼푸콩 사원 내 정화 동상

성을 올리는 제단이 있다. 제일 남쪽에 있는 키야이 춘드릭 부미 사당은 정화가 사용한 무기를 경배하기 위해 지어졌다. 독립된 사당 건물들은 각기 정화와의 관련성을 내세운 것이다. 정화와 그의 선원들, 정화가 쓰던 물건이나 정화 선박의 닻처럼 이 삼푸콩 사원을 떠받치고 있는 것은 '정화의 항해'라는 내러티브이다.

그러나 사당들의 이름과 내부에 모신 신들의 이름에서 알 수 있는 것처럼 삼푸콩 사원에서는 정화뿐만 아니라 다른 신들도 경배의 대상이다. 유·불·도가 합쳐진 인도네시아의 중국풍 절을 트리 다르마Tri Dharma라고 부르는데, 이는 원래 '세 가지 법'이라는 뜻으로, 유·불·도 세 종교를 말한다. 삼푸콩 사원에서는 정화와 토지의 신 외에 공자 등 유교 성인들도 신격화 대상이다. 유·불·도 삼교가 결합되어 있다는 점에서 중국 남부 신앙 전통의 연속선상에 있음을 알 수 있다. 또한 무슬림도 이 사원을 방문하는데, 이들은 대개 정화 동상에 기도를 올리고, 사원 내 정화 일행의 이슬람식 무덤을 순례한다고 한다. 서아시아에서 온 무슬림들은 정화상에 기도를 하지 않겠지만, 인도네시아는 물론 주변 국가인 말레이시아, 싱가포르, 브루나이의 화인들은 삼푸콩 사원을 매우 영험한 기도 장소로 인식하고 있다. 동남아적 특수성이라고나 할까. 특이한 점은 정화를 신격화하고 그 신에게 복을 비는 화인 방문자들이 대부분 상인 계층으로, 장사의 성공과 안전한 무역활동을 기도한다는 것이다. 이는 정화를 무역의 신으로 간주하는 데서 비롯된 신앙 활동이라고 할 수 있다. 그러나 모든 화인이 이런 묘지 참배 전통에 동조하는 것은 아니다. 일부는 중국인 무슬림의 무덤에 경배하는 것이 중국인의 전통문화를 저버리고 인도네시아 현지 문화에 동화된 것을 의미한다며 혐오하기도 한다.

한편 자카르타Jakarta에는 충의선묘忠義船廟라는 곳이 있다. 이곳은 삼보수주묘三保水廚廟, 또는 낭응묘浪應廟라고도 불리는데, 정화가 두고 갔다는 정교하게 벼린 검 두 자루가 모셔져 있다. 이름 끝에 붙은 묘廟라는 명칭에서 알 수 있듯이 이와 같은 종류의 사원은 인도네시아 사람들이 건립하거나 예배하는 전통적인 공간이 아니다. 언제였는지 알 수 없는 시점에 인도네시아 현지에 와서 정착한 중국인들과 그 후손을 위한 종교적인 공간이다. 묘는 정확히 말해서 사당에 가까우며, 넓은 의미에서 사원에 가깝다. 불교 사원은 아니기 때문에 불교신상이 없다. 그러므로 충의선묘는 두 자루의 검을 신성하게 보관하는 사원이라고 볼 수 있다. 특별히 무슨 종교라고 말하기는 어려우며, 굳이 구분하자면 성인이나 군자를 기리는 유교적인 전통을 지닌 중국식 사원이라고 할 수 있을 것이다. 이 충의선묘에도 정화의 함대에 있던 요리사가 자카르타 현지 무희와 결혼하여 정착한 곳이라는 전설적인 이야기가 전해진다.

2 | chapter 2

말레이시아의
불고 사원 쳉훈텡

정화와 관련 있는 신화와 전설, 그리고 정화 신격화는 인도네시아만이 아니고 말레이시아에도 존재한다. 믈라카에 있는 포산텡Poh San Teng(寶山亭) 사원과 쳉훈텡 Cheng Hoon Teng(靑雲亭) 사원 역시 정화를 위해 건설되었다고 전한다. 흥미로운 점은 이 장소들이 이름 뒤에 사원이나 묘당을 의미하는 사寺나 묘廟 대신 정자를 의미하는 정亭을 썼다는 점이다. 사묘를 쓰지 않았다는 것 자체가 겉보기와는 달리 현지에서 이미 중국 대륙에 일반적인 종교적 관행이나 전통과는 다른 방식으로 이 사원들을 규정하고 있었음을 보여준다.

믈라카의 쳉훈텡 사원 역시 유교와 불교, 도교가 모두 어우

믈라카 쳉훈텡 사원 전경

러진 삼교 통합의 중국식 사원이다. 공식적으로는 사원 중심에 있는 본당에서 관음보살을 모시고 있으니 관음사원이라고 할 수는 있다. 하지만 그와 동시에 공자, 관우, 정화 역시 섬기고 있어 딱히 특정인을 신으로 모시는 사원이라고 말하기는 어렵다. 공자는 유교, 관우는 도교를 상징하는 셈이니 유·불·도 삼교가 융합한 흔적을 멀리 말레이시아에서 찾아볼 수 있다는 것이다. 사원은 믈라카가 네덜란드의 지배 아래 있던 1646년, 중국인 최초의 카피탄 떠이 홍 용Tay Hong Yong(일명 떠이 키에 키Tay Kie Ki)이 정화를 기리며 지은 사원에서 시작되었다. 카피탄은 네덜란드 식민정부가 임명한 일종의 중간 관리자 직위로 지역사회 공동체의 수장 역할을 했다. 중국인 사회에도 중국인 카피탄이 여럿 있었는데, 이들을 카피탄 시나Kapitan Sina라 불렀다. 일설에는 떠이 홍 용을 계승한 후임 카피탄인 리 웨이 킹Li Wei King(일명 쿤 창Koon Chang)이 쳉훈텡 사원을 1673년 처음 설립했고, 이후 중국에서 자재를 수입해서 부속건물들을 옆에 지으면서 사원이 확장되었다고 한다.[13] 후대의 카피탄 찬 키 록Chan Ki Lock은 1704년에 쳉훈텡 사원의 주전主殿을 지었고, 1801년에는 카피탄 추아 수 청Chua Su Cheong(일명 톡 핑Tok Ping)의 지휘하에 대대적인 보수공사가 시행되었다. 추아 수 청은 훗날 싱가포르의 첫 번째 카피탄이 된 추아 총 롱Chua Chong Long의 아버지다. 중심이 되는 주전 왼편에는 7미터 높이의 붉은 깃대를 설치해 이 사원을 건설하고 유지하는 데 이바지한 세 카피탄 중 두 명의 유해를 모셨음을 알리는 깃발을 꽂았다. 쳉훈텡이 중국인 사회에서 얼마나 중요한 역할을 하는 공간인지를 시사하는 대목이다.

쳉훈텡 사원은 믈라카의 한가운데를 흐르는 믈라카강 서쪽의 잘란 토콩Jalan Tokong에 위치하며 가까이에는 캄퐁 클링 Kampong Kling 모스크와 힌두교의 스리 포야타무르티Sri Poyatha Moorthi 사원이 있다. 애초부터 믈라카는 중국, 인도, 서아시아 각지에서 다양한 목적을 가지고 이주한 사람들이 함께 어울려 살던 지역으로, 이와 같은 종교적 시설물은 힌두교나 이슬람교 등 특정한 종교와 관계없이 이주 정착민들이 인근 지역에 모여 살았음을 알려준다. 현재까지도 종교적 기능이 지속되고 있는 쳉훈텡 사원과 캄퐁 클링 모스크는 이 지역의 다문화적 성격과 타문화에 대한 융합적이고 포용적인 태도를 드러내며, 이것이야말로 정화의 원정이 지닌 의의를 함축적으로 보여준다고 할 수 있다.

쳉훈텡 사원은 한눈에도 중국계 사원임을 알 수 있을 정도로 건축물과 외벽 장식이 중국풍으로 지어졌다. 사원 정중앙의 관음보살을 모신 주전 좌우에 마련된 작은 예배당들은 부와 장수, 자손의 번창을 기도하는 예배공간으로 기능하고 있으니 전형적인 중국식 사원임은 명확하다. 현재도 쳉훈텡 사

쳉훈텡 사원의 붉은 깃대

원에서 중국식으로 가짜 종이돈과 향을 태우며 절하고 기도하는 사람들을 볼 수 있다. 한창 사원이 번창했을 때 사원의 영역이었던 쳉훈텡 정문 길 건너편에는 중국식 연극 공연을 하던 오페라극장이 아직도 남아 있다. 이것은 이 사원이 머나먼 중국 땅의 고향을 그리워하던 사람들이 모여 향수를 달래고 기도도 하는 복합적인 종교·문화공간이었음을 알려준다.

현지에 전하는 바로는 현재의 쳉훈텡 사원은 1673년에 수복 및 보수된 것이다. 앞에서 살펴본 바와 같이 정화 원정대는 여러 차례에 걸쳐 믈라카를 방문하고 우호 관계를 맺었다. 명과의 책봉 관계를 용인한 믈라카의 초대 왕 파라메스와라가 500여 명의 수행원을 이끌고 정화의 배를 타고 중국으로 가서 명의 황제를 알현한 일은 『명사』와 『영애승람』 등에 기록되어 있다. 명 황제는 이들의 방문을 환영하는 연회를 크게 베풀었다고 알려져 있으며, 파라메스와라는 무려 1년 반을 명에 머물다가 귀국했다. 정화가 다녀간 1400년대 초반에 중국과 믈라카의 관계가 성립되었고, 이후에도 상당수의 중국인이 믈라카에 왔음은 미루어 짐작할 수 있다. 이들을 위해 건설된 종교적 공간이 쳉훈텡이니 사실상 쳉훈텡은 정화와 관련이 있는 종교시설 가운데 가장 역사적 사건과 가까운 시기에 건설됐다고 볼 수 있다. 이는 정화와 관련된 동남아의 전설이나 건축물들이 후대에 가탁된 것만은 아니며 나름의 정당성이 있

쳉훈텡 내부 정화 사당

부킷 시나

음을 의미한다.

쳉훈텡 사원의 문에는 전포戰袍를 입고 위풍당당하게 손에 칼과 도끼를 든 두 명의 장군 그림이 그려졌고 "五百年前留勝跡, 四方界內顯英靈[오백 년 전에 큰 승리가 있었으니 사방 모든 세계의 영령이 현현했다]"라는 주련이 쓰여 있다. 사원 가운데에는 정화의 초상화와 군복, 칼 등이 진열되어 있고, 우측에는 "鄭和三保公[정화삼보공]"이라는 글귀가 걸려 있다. 현지 관계자들은 사원을 짓는 데 사용된 모든 건축재료가 중국에서 운반되었다고 한다. 후대 지어진 동남아의 중국식 건물이나 중국인 소유 건물 중에도 건축재료를 중국에서 실어 왔다는 기록이 있으므로 이 역시도 사실일 가능성이 크다. 쳉훈텡이 말레이시아의 다른 어느 클렌텡보다 오래된 것은 사실이지만 실제 정화가 믈라카에 왔을 때 지어진 사원은 아니다. 쳉훈텡 지붕 꼭대기 용마루에 장식된 도자기 파편을 이용한 다양한 도안과 각종 인형은 근대 중국 남부에서 볼 수 있는 형태로 15세기의 것으로는 보기 어렵다. 그러므로 쳉훈텡 건설과 보수는 훨씬 후대, 적어도 17세기경의 중국식 건축이 영향을 주었다고 생각된다.

믈라카에는 부킷 시나Bukit Sina라는 지역이 있는데 중국인들이 집단 이주하여 거주하던 곳이다. 정화가 처음 믈라카에 와서 자신들이 주둔할 장소로 부킷 시나를 골라 막사와 창고를

믈라카 포산텡 사원

지었다. 자연히 병사들이 마실 물을 찾아야 했고, 여기서 우물을 팠다고 한다. 오늘날의 포산텡 사원 인근에 있는 삼보정 三保井이라는 우물이 그것이다. 정화는 당시 일곱 군데에 우물을 만들었는데, 현재는 두 개만 남아 있다. 이 두 우물은 가뭄이 들어도 마른 적이 없어서 현지에서는 오랫동안 신의 우물로 불렸다고 하며, 둘 중 하나를 항리포 Hang Li Po(漢麗寶)가 사용했다는 전설도 전해 내려온다. 항리포는 명의 공주로, 이 무렵 시종 수백 명을 이끌고 믈라카의 왕에게 시집을 왔다고 전해지고 있다. 믈라카에는 항리포와 중국인 시종들이 묻힌 묘가 있는데, 이것은 항리포 언덕이라고 불린다. 명나라 사람들의 믈라카 대거 이주에 관한 문헌 기록은 남아 있지 않지만 항리포 전설 등으로 미루어볼 때, 정화의 원정이 다수의 중국인에게 믈라카 이주를 촉발했을 가능성이 크다.

원래 인도네시아와 말레이시아에 전해지는 정화 관련 신화와 전설은 중국인과 현지인 공동체가 오랜 시간 동안 신화적인 존재로서 정화를 기리고 기억한 흔적들이다.[14] 중국에서 정화는 영락제의 환관으로서 황제의 명령에 따라 남해로 원정을 떠난 역사적 인물에 불과하다. 하지만 동남아 여러 곳에서 그는 상당한 신격화가 이뤄졌다. 전설로 남은 과거의 우상 같은 존재가 아니라 중국인 사회의 정신적 연결점 역할을 해 온 것이다. 현지에 건설된 정화 사당과 유물들은 이 지역들에

항리포 공주의 우물

모여 살던 화인들의 구심점 역할을 해왔고, 여전히 정치적 영향력을 지닌 사람들이 방문하는 상징적인 장소이다. 중국에서 인도네시아나 말레이시아를 방문하는 유력인사들도 정화 사당을 방문하여 중국과 동남아가 결코 멀지 않은 사이임을 보여주려고 노력한다. 그런 의미에서 정화 사당과 정화 모스크는 역사 속 인물이 현재까지 정치적 상징성을 내포할 수 있음을 보여주는 좋은 예이다. 더욱이 최근 인도네시아에서 정화는 화인 무슬림이 당면한 제반 종교적·사회적 문제를 해결할 대안으로 부상하면서 새로이 이슬람이라는 종교의 구심점으로도 작용하기 시작했다.

chapter

3

인도네시아의 화인 커뮤니티와 종교적 동화 전략

chapter 3 | 1

화인의 이주 역사와
식민 시기의 분할통치 전략

2000년에 집계된 인도네시아 인구조사에 따르면 전체 인구의 88퍼센트가량이 무슬림이며, 개신교가 5.9퍼센트, 가톨릭이 3.1퍼센트, 힌두교가 1.8퍼센트, 기타가 0.2퍼센트를 차지했다.[15] 이 인구조사에서 인도네시아 화인의 수는 대략 200만 명, 즉 인구의 1퍼센트 정도로 조사되었다. 그러나 많은 화인 전문가들은 실제로는 더 많은 화인 인구가 존재하는 것으로 보고 있다. 2019년 통계자료에 따르면 총 2억 6000만 명의 인구 중 화인의 수는 3.3퍼센트가량인 780만 명으로 추산된다. 이들이 국가 경제에서 차지하는 비중은 막강하여, 국가 자본 소유 비율에서는 70퍼센트 이상을 장

악하고 있다고 알려져 있다.[16]

공식 통계자료와 실질적으로 추정되는 화인 인구수의 차이는 수하르토 집권기인 이른바 '신질서 시대'(1967~1998)를 거쳐 포스트-수하르토 시대를 일컫는 '개혁시기'(1998~현재)에서 일어난 사회 폭력에 대한 기억 때문에 화인으로 정의되는데 사회적 공포를 느낀 화인들이 인구조사에서 정체성을 숨겼으리라 추정할 수 있다. 뒤에서 부연하겠지만, 수하르토의 몰락 이후 전국을 초토화한 종족·종교 갈등 속에서 국가의 부를 독차지한 화인들은 현지인들이 저지른 끔찍한 폭력의 대상이 되었다. 그런데 인도네시아에 거주하는 화인의 종교 양태를 살펴보면 절반가량인 53.82퍼센트는 불교도, 35.09퍼센트는 기독교도, 5.41퍼센트는 무슬림, 그리고 나머지 1.77퍼센트는 힌두교도와 기타 종교인으로 구분된다. 무슬림의 수가 전체 국민의 88퍼센트로 압도적인 인도네시아에서 화인 무슬림은 상당히 비중이 낮은 셈이며, 중국의 전통 종교인 불교 외에 기독교도 인구가 상당히 많은 것이 눈에 띈다.

동남아시아에서 화교의 이주 역사는 멀리 한나라 시대까지 거슬러 올라간다. 이미 기원전에 북부 베트남을 중국이 점령하고 중국인이 대거 이주했을 뿐 아니라, 당시 중국 무역상들은 인도양을 중심으로 펼쳐진 국제무역에 참여하여 동남아시아 및 인도와 무역을 했다. 특히 당나라 때인 7세기 정도부터 대식국大食國(아랍)과 페르시아(이란)의 이슬람 상인들이 참여해 인도양 국제무역 네트워크가 확대되었고, 중국 상인들의 무역도 증가했다. 당대인 9세기에 이미 중국 상인들이 수마트라 남부의 팔렘방을 수도로 한 스리위자야 왕국으로 가 무역을 했다는 기록이 있으며, 특히 875~885년에 중국에서 일어난 농민 대반란인 황소黃巢의 난을 피해 많은 중국인이 수마트라 지역으로 이주했다고 전해진다.

송대 조여괄이 지은 『제번지』는 중국의 상선들이 정기적으로 동남아와 인도와 국제무역을 했다고 전한다. 당시 한 번 배를 타고 동남아시아에 도착한 세계 각지의 무역상들은 6개월 단위로 북동, 서남 방향으로 부는 계절풍의 방향이 바뀌길 기다려야 했다. 따라서 상인들은 고국으로 가기까지 길게는 6개월을 기다려야 했는데 항구에서 오랜 시간을 보내야 하는 이러한 전통 때문에 송대 이후에 많은 중국 상인들이 아예 동남아 각지에 거주하게 되었다.

앞에서 설명한 바와 같이 명대에 들어서는 정화의 대원정이 15세기 중국인의 동남아 이주를 이끌었다. 이로 인해 동남아 곳곳에 이주 중국인 공동체가 만들어졌다. 정화의 원정을 두고 당대 중기 이래 인도·동남아 각지 및 중국 연해를 오가며 인도양을 중심으로 한 기존 교역망을 장악하고 있었던 이슬람 상인들에게 명의 관영무역이 도전장을 내민 것이나 다름

없었다고 평가하기도 한다.

16세기에 네덜란드 무역상들이 자바를 방문했을 때, 이미 그곳에는 중국인 무역상들의 거주지가 형성되어, 쌀과 후추 등의 향료가 경작되고 있었다. 네덜란드는 현재의 자카르타인 순다클라파 Sunda Kelapa 지역을 점령하고 바타비아를 개발해 인도양 국제무역의 기지로 삼았다. 구도시를 싹 밀어버리고 유럽식 도시를 새롭게 건설한 네덜란드 동인도회사는 건설 노동력으로 중국인들을 유입했고, 이에 따라 네덜란드 동인도회사의 바타비아 건설 후 10년이 지나자 이 지역의 중국인 수가 2000명을 넘었다고 전해진다. 적극적인 중국인 유입 정책으로 인해 자바에도 중국인 인구가 급증했다. 네덜란드인들은 중국인에게 일종의 특별대우로 바타비아에 일정 시간 출입을 가능하게 해주었으나 현지인들의 도시 출입은 금지했다고 알려져 있다.

1799년에 네덜란드 동인도회사가 파산하자 네덜란드 왕실은 인도네시아에 직접 개입을 시작하였다. 19세기에 세계는 식민주의, 제국주의의 시대로 들어섰다. 네덜란드는1825~1830년대의 자바전쟁과 수마트라의 파드리 운동 Padri Movement 등 초기 반反네덜란드 운동을 진압하며 군도의 본격적인 식민경영을 시작했다. 네덜란드는 다른 유럽 식민국들과 마찬가지로 동남아시아 식민경영을 위해 중국인들을 많이 유입시켰고, 이것이 현대 인종갈등의 씨앗을 심은 셈이 되었다. 당시 청나라는 극심한 빈곤과 태평천국의 난 등의 환란이 끊임없이 발생하고 있었으므로 화교들은 고향을 등지고 동남아시아로 대거 이주했다.

열강의 식민통치를 받는 동남아시아에 온 화교들은 광산이나 플랜테이션 노동자, 상인 등으로 일했으며, 현지인들이 기피하는 세금 징수원도 도맡아 했다. 유럽이 동남아시아에 일찍이 없던 유럽식 세제를 도입한 까닭에, 현지인들은 세금 수탈에 시달렸다. 마을의 공동 소유였던 숲이나 호수 등의 토지는 개인 소유권이 발달했던 유럽식 사고에서는 소유주가 없는 것으로 간주되어 식민정부에 귀속되었고, 숲이나 호수의 자원을 획득하거나 이용하는 것은 불법으로 간주되었다. 유럽인들은 물자 수송을 위한 길을 닦고 이를 이용하려는 현지인들에게 통행세를 매겼는데, 이러한 세금의 개념은 현지인들에게는 낯선 것이었다. 분노한 현지인들은 네덜란드 식민정부를 향한 조세저항을 끊임없이 벌였고 정부에서 파견한 세금 징수원들을 살해하는 일이 심심치 않게 벌어졌다. 따라서 세금 징수원은 당시 사람들이 가장 기피하는 직업이 되었는데, 이를 화교들이 맡은 것이다. 광산과 플랜테이션 노동도 열대의 무더위 속에서 매우 강도 높은 작업을 해야 하고 많은 사람이 목숨을 잃을 만큼 위험한 일이었다. 말레이인들은 이런 노동을 기피하는 경향이 있었는데, 이는 식민정부가 선전한 대로 그들이 '게으르기 때문'이 아니었다. 말레이 전통에 육체노동은 노비가 담당하던 것이었는데, 19세기 전반기에 유럽이 동남아시아의 노예제를 공식 금지하면서 육체노동은 쿨리 coolie라고 불리는 일용노동자들이 담당하게 되었다. 말레이인들은 식민정부가 벌이는 다양한 사업에 육체노동자로 참여하는 것을 계급 관념상 수치스럽게 여겼다.

따라서 식민정부가 어떠한 어려운 일도 마다하지 않아 여러모로 효용가치가 있던 중국인들을 우대한 것은 당연했다. 특히 중국에서는 아편전쟁 이후 명·청대 내내 유지되었던 해금령이 폐지되면서 화남華南 연안의 주민들이 동남아시아로 이주할 수 있게 되었다. 이 시기 중국인들은 체류자 sojourners라고 불렸는데, 이들은 동남아에서 성공하여 중국으로 귀향하기를 꿈꾸는 사람들이었다. 스스로 언제든 돌아가리라는 마음을 먹고 있었다는 점에서 완전한 이주민이라 보기 어렵다.

네덜란드 식민정부는 분할통치 전략을 통해 식민지 주민들의 통합을 저해하는 정책을 폈다. 이에 따라 유럽인을 제1시민으로, 중국인 등 기타 외국인을 제2시민으로, 현지인을 제3시민으로 분류하는 계급 인식이 형성되었다. 식민 당국은 현지인에 비해 중국인을 우대했고, 현지인은 게으르고 열등하다는 식민담론을 유포했다. 효과적인 분리통치를 위해 식민정부는

20세기 초의 중국 이주민(인도네시아 방카 주석박물관 소장)

중국인들이 무슬림으로 개종하는 것을 고의로 막기도 했는데, 단적으로 이슬람교로 개종한 중국인은 일반 중국인보다 더 많은 세금에 시달려야 했다. 당시 중국인들에게 이슬람으로의 개종은 식민정부가 억제하는 일일 뿐만 아니라 중국인 커뮤니티 속에서도 스스로의 계급을 강등시키는 일이라는 인식이 널리 확산되었다.

이 시기에 현지인의 중국인에 대한 증오가 시작된 것 역시 이해할 만하다. 자바전쟁의 주역이었던 족자카르타의 디포네고로 Diponegoro 왕자는 중국인들이 이슬람으로 개종하지 않으면 살해하겠다고 협박하기도 했다. 20세기 초에 수립된 초기 이슬람계 민족주의 기구인 샤레캇 이슬람 Syarekat Islam도 중국 상인들이 바틱 산업에 진출하는 것을 막을 의도에서 시작되었을 정도였다. 샤레캇 이슬람은 무슬림 상인들이 종족을 초월해 조직한 단체인데, 식민 시기에 중국인들이 상업에서 두각을 나타내면서 강력한 상인 계층으로 대두한 데 이어 말레이 전통 염료 기법으로 제작되는 바틱 염색 천 산업에까지 진출하자, 이들을 경계의 대상으로 인식하여 조직되었다. 이후 이 단체는 인도네시아의 초기 민족주의 단체로 성장하여 이슬람을 이데올로기로 한 반식민 저항을 이끌게 된다.

한편 식민 시기에 개혁 이슬람이 반식민 저항 이데올로기로 부상함에 따라, 기존의 느슨했던 종교적 분위기가 변화했다.

무슬림에게 이전보다 엄격하게 종교 계율을 지키도록 하는 분위기가 강화된 것이다. 돼지고기를 먹거나 다른 조상신을 같이 숭배하는 일이 금기시됨에 따라 중국인들은 무슬림으로의 개종을 더욱 꺼리게 되었다. 그러나 일부 중국인들은 이슬람으로 개종했는데, 무엇보다 무슬림 현지인들로부터 인종차별을 피하기 위해서였다.

2 | chapter 3

수하르토 정권의 신질서와 동화 전략

1942년에 일본은 유럽 세력을 몰아내고 대부분의 동남아시아 지역에서 새로운 식민주체가 되었다. 인도네시아에 진입하면서 일본은 2차대전 승리를 위한 현지인들의 협조를 이끌어내고자 종전 후 인도네시아의 독립을 약속했고, 이에 민족주의자들의 대표였던 수카르노Sukarno는 친일 행보를 보였다. 일본은 네덜란드와 달리 친말레이, 반중국인 정책을 썼으므로 많은 중국인이 이때 고초를 겪었다. 2차대전에서 일본이 패망한 직후인 1945년 8월 17일에 수카르노와 민족주의자들은 자주독립을 선포했지만, 네덜란드는 재식민통치를 위해 연합군을 앞세워 다시 인도네시아에 들어왔다. 이에 연합군과 인도네시아 공화국 군대 사이에 독립의 명운을 건 전투가 시작되었다. 이 기간을 '인도네시아 혁명기'라고 부른다. 결국 1949년 12월에 네덜란드는 헤이그에서 열린 원탁회의에서 인도네시아의 독립을 최종 승인했고, 인도네시아는 실질적인 독립 국가가 되었다.

인도네시아 공화국의 초대 대통령에 오른 수카르노(집권 1945~1967)는 식민통치와 전쟁으로 초토화된 경제를 복구하고, 수백의 종족과 다양한 종교집단으로 이루어진 인도네시아의 '단일한 민족 만들기'를 최우선 정책으로 삼았다. 수카르노와 부통령인 무하맛 하타 Muhammad Hatta가 내세운 경제 논리의 주요 기조 중 하나는 외국자본의 독식 문제 해결이었다. 무엇보다도 소수 화교들의 경제력이 다수를 차지하는 토착 말레이인보다 월등히 크다 보니 인종 간 빈부격차는 공화국 지도자들이 사회적 균열의 가장 심각한 원인으로 본 문제였다. 따라서 부유한 화인들은 경제적으로, 문화적으로 탄압의 대상이 되었다. 게다가 1949년 모국 중국이 공산화되자 많은 화인 지식인들이 인도네시아 공산당에 가담했으며, 인도네시아 국적협의회라는 화인 기구를 통해 인도네시아 정치에 참여해 화인들의 시민권 획득과 권익 향상을 기도했는데, 이러한 정치적 행보 역시 현지인들의 불만을 샀다.[17]

수카르노는 치열해져가는 냉전 논리 속에서 제3의 노선을 선언하고 중립의 길을 걷고자 1955년 반둥회의를 개최해 제 3세계 지도자로 부상했다. 이를 통해 그는 공산진영과 자본진영 사이의 세력 균형을 유지하면서 인도네시아의 실리를 추구하고자 한 것이다. 그러나 그의 행보는 자본주의와 공산주의 양쪽 진영으로부터 항상 의구심을 자아냈다. 게다가 1963년 이후 지지기반이었던 인도네시아 군부와 사이가 틀어지면서 수카르노는 위기를 맞았다. 그가 지지세력 만회를 위해 인도네시아 공산당과 자주 접촉하자 군부와 서방은 그가 중립노선을 버리고 좌편향했다고 의심하기에 이르렀다. 그러던 중 수카르노의 경호부대는 군부와 미국의 CIA가 수카르노를 은밀히 제거하려 한다는 의혹에 휩싸여, 1965년 9월 30일 밤에 군부 장성 7명의 집을 습격하여 이들을 납치할 계획을 세웠다. 군부 장성들은 이에 반발했고, 총격이 오간 끝에 6명의 장성이 희생되었다. 이를 진압한 당시 우파 군부의 리더 수하르토는 게스타푸Gestapu 또는 9·30사태라고 불리는 이 사건의 배후로 공산당을 지목했다. 이어서 그는 전국적으로 공산당 숙청에 나섰고, 공산당에 협조했다는 비판과 함께 수카르노를 권좌에서 몰아내었다. 수하르토의 군부와 그들을 지지하는 이슬람 단체들은 이때부터 수개월간 공산당을 진압한다는 명목으로 최소 50만 명에서 200만 명까지 추계되는 시민을 학살했다. 이때 공산화된 중국 본토의 영향으로 공산주의를 지지한 이들은 물론이고, 공산주의를 지지하지 않았더라도 단지 현지인에 비해 많은 부를 독점한 이방인이라는 이미지 때문에 수많은 무고한 화인들이 끔찍하게 희생되었다.

새로 출범한 수하르토 정권은 화인들에 대한 철저한 동화 정책을 내세웠다. 동화 정책이라고 해도 합의나 조화에 기반을 둔 것이 아니라 인도네시아 현지인들의 문화에 강제로 동화시키는 일이었다. 화인들의 정치 진출은 물론 인종 정체성이나 단체 이익을 표현할 공식적 길을 막아버렸다. 1967년 대통령령 14호는 화인의 종교, 신앙, 전통적인 표현을 금지하도록 공표했다. 중국어 서적은 아예 수입이 불가능했고, 중국 색채를 띤 문양이나 상징은 공공장소에서 사용이 금지되었다. 화인들은 사회적 불이익을 줄이기 위해서 인도네시아식 이름으로 개명하기도 했다. 이 시기에 화인을 포함한 모든 시민은 국가가 인정한 5대 공식종교 중 하나를 선택해야 했다. 정부가 종교 활동을 보장한 공식종교는 수카르노 집권기에 6개, 즉 이슬람, 개신교, 가톨릭, 불교, 유교, 힌두교였고, 수하르토가 1979년 유교를 배제하면서 5개로 바뀌었다.[18]

사실 수하르토 시기에 신질서 확립을 내세운 정부는 모든 국민이 종교를 갖도록 강제했는데, 이것은 공산주의가 부활하는 것을 막을 의도였다고 알려져 있다. 유물론에 기반을 둔 공산주의자라면 종교를 거부할 터였기 때문이다. 앞서 일어난 공산당 탄압 이후 유·불·도교를 믿던 화인들은 기독교로 대거 개종하는데, 이것은 중국인으로서의 정체성을 되도록 드러내지 않음으로써 자신과 가족의 안전을 도모하기 위해서였다. 그러나 말레이계의 주 종교인 이슬람으로 개종한 수는 얼마 되지 않았다. 이는 그들이 현지 문화에 동화되기보다는 중국인으로서의 정체성을 유지하고자 했던 것으로 볼 수 있다. 당시에는 화인의 이슬람 개종이 이슬람에 반감을 가진 화인 공동체로부터의 단절을 의미한다는 인식이 퍼져 있었다. 따라서 많은 화인은 이슬람으로의 개종에 미적지근한 반응을 보였다. 중국인 부모들은 아이들에게 어느 종교로든 개종할 수 있지만, 이슬람은 안 된다고 이야기하곤 했다. 그들에게 이슬람은 위험하고 화인에 적대적이며 후진적이고 보수적인 종교로 인식되었고, 따라서 중국인들의 고유문화와 부합하지 않는다는 인식이 널리 퍼져 있었다.

그러나 수카르노 시기와 달리 수하르토 시기에 화인들은 경제적으로는 자유를 누려서 많은 부를 축적했다. 특히 수하르토를 후원하고 그에게서 수혜를 입은 화인 기업인들은 엄청난 부를 쌓았다. 인종 간 빈부격차가 이전보다 더욱 심해지자, 화인을 향한 사회의 적개심은 1974년의 말라리 사태Malari Incident 등 일련의 반정부 시위로 분출되었다. 말라리 사태는 당시 서방과 더불어 인도네시아에 경제 원조를 하던 일본의 다나카田中角榮 수상이 자카르타를 방문한 것에 반발해 일어난 민중 시위 사태였다. 민중은 토요타와 코카콜라 등의 외국회사와 화인 기업의 건물이나 상점에 방화를 저지르고 인명 사상자를 발생시켰는데, 그것은 수하르토의 개발정책이 원주민이 아닌 화인과 외국인 기업에게만 혜택이 돌아가 빈부격차가 커져간다는 불만에서 비롯된 것이었다. 말라리 사태는 수하르토 정권 출범 후 일어난 최초의 반정부 시위였다. 이에 놀란 정부는 조세 부담 감소나 기업활동, 농업 보조금 지원 등 다양한 면에 있어서 프리부미pribumi(원주민) 우대 정책과 같은 토착인 우대 정책을 펼쳤지만, 명목상의 우대 조항만이 포함되었을 뿐이었다. 실질적으로 외국인과 원주민 간 빈부격차는 날이 갈수록 심화되었으므로 화인에 대한 사회적 적개심이 해소되기에는 역부족이었다.

수하르토 정권 후반기에 들어서면 정부가 공산주의와 화인에 대한 경계를 풀고 이전보다 완화된 자세를 취하게 된다. 이 시기에 소수의 화인이 무슬림 단체를 수립하는 등 종교를 통한 자발적 동화 전략도 나타나고 있었다. 사실 2000년대에 정화 모스크가 건립되기 이전에 자카르타에서 중국과 관련된 모스크가 지어진 적이 있다. 대표적인 것이 고대 중국 사상가인 노자의 이름을 딴 노자Lau Tze 모스크였다. 노자 모스크는 1991년에 자카르타에 있는 화인 중심지 파사르 바루Pasar

Baru에 지어졌는데, 카림우이 재단Yayasan Haji Karim Oei이 설립한 것이다.19 이 모스크는 중국인의 대표색인 붉은색으로 칠해졌고, 모스크 입구에 붓글씨로 쓴 한자 간판이 달렸다. 설립자 카림우이Karim Oei는 화인 무슬림으로, 인도네시아 화인이슬람협회Persatuan Islam Tionghoa Indonesia(이하 화인무슬림협회)의 설립자이자, 인도네시아의 대표적 이슬람 단체인 무하마디야Muhammadiya의 주요 회원이었다. 무하마디야와 함께 다른 주요 이슬람 단체인 인도네시아 무슬림지식인연합Ikatan Cendekiawan Muslim Indonesia과 나흐다툴 울라마Nahdlatul Ulama도 노자 모스크 건립을 후원했다. 그러나 노자 모스크는 개인의 집을 예배소로 변경한 것에 불과했고, 이름만 중국 색채를 지녔을 뿐 모스크의 외양이라든가 실질적 기능 면에서는 상업 용도 건물이었다. 어쨌건 노자 모스크의 건립은 신질서 기간에 동화정책으로 중국 문화와 정체성이 말살 위기에 처했지만, 정권 후반부터는 화인들이 매우 제한적이나마 이슬람교 안에서 '중국적임'을 드러낼 수 있는 사회 분위기가 조성되었다는 것을 말해준다. 노자 모스크는 이 시기 화인들이 화인과 현지인 간의 관계를 증진할 수 있는 방안을 생각해보게 하는 계기가 되었을 것으로 추정된다.

chapter 3

3

개혁공간
― 중국적인 것과 이슬람의 부상

한국도 그랬지만 1997년부터 시작된 아시아 경제위기는 인도네시아 경제를 붕괴시켰을 뿐만 아니라 수하르토 정권의 몰락을 가져왔다. 권위주의적 통치를 32년간 지속하면서 민주화와 인권운동 탄압, 분리주의 운동 지역에서의 인명 살상과 더불어 금권정치로 비판을 받던 수하르토는 결국 불명예스럽게 대통령직에서 물러났다. 이후 인도네시아 전역은 엄청난 사회적 혼란에 빠졌다. 공권력이 부재한 상황에서 장기 독재에 억눌려 있던 인종 간, 종족 간, 종교 간 갈등이 폭발하면서 끔찍한 폭력이 전국을 휩쓸었다. 말루쿠와 술라웨시Sulawesi 등지에서는 토착 기독교 인구와 이주

무슬림 간에 다툼이 벌어져 살상과 방화로 인한 대규모 난민이 발생했고, 칼리만탄과 자바 등지에서도 다양한 형태의 유혈 폭력사태가 벌어졌다. 화인들도 끔찍한 폭력의 대상이 되었고, 이들의 대규모 국외 탈출이 줄을 이었다. 당시 인도네시아 재계 1위의 화인 재벌 수도노 살림Sudono Salim도 살상을 피해 인근 싱가포르로 도망갔다가 몇 년 후에야 돌아올 수 있었으니, 폭력의 충격이 얼마나 컸는가를 짐작할 수 있다. 경제위기로 인한 혼란은 이후 5~6년이 지나서야 서서히 안정되기 시작했다. 수하르토 시기의 폭력은 주로 국가가 민간인을 상대로 저지른 국가폭력이었다면, 이때의 폭력은 민간끼리의 폭력이었다. 이것은 판차실라가 수호해온 '하나의 국가,' '하나의 민족' 만들기가 결국 실패로 돌아갔음을 보여주는 듯했다.

그러나 이러한 혼란이 부정적인 결과만 초래한 것은 아니었던 듯하다. 민간 폭력에 놀란 개혁기의 정부들은 수하르토 시절부터 민중이 주장해온 민주화와 지방자치 등의 요구를 수용했고, 그 누구도 예상치 못한 성공적인 민주화가 이루어졌기 때문이다. 중앙과 지방, 군부세력과 민간세력, 그리고 종족 간에 맺어졌던 기존의 권력관계가 재조정되는 이 시기에 그간 억눌려 있던 다양한 사회세력들이 정체성 강화를 위해 노력하기 시작했다. 전통적인 관습을 앞세운 토착인들을 비롯하여 이슬람 세력, 성 소수자, 화인 등 많은 사회집단이 그에 해당한다. 이른바 정체성 정치Identity Politics가 사회의 담론을 주도하게 된 것이다.

화인들도 수하르토 하야 이후 개혁공간에서 일어나고 있던 사회적 변동에 새로운 방식으로 적응하기 시작했다. 개혁시기에 대중문화와 정체성 정치가 사회 트렌드가 되면서 소비시장의 주요한 키워드로 '중국적인 것Chinessness'이 부상했다. 개혁기의 대통령들은 적극적으로 화인 유화 정책을 폈다. 이는 화인들의 경제력이 위기를 맞은 인도네시아에 절대적으로 필요했기 때문이다. 4대 대통령 압두라흐만 와히드Abdurrahman Wahid는 2000년에 중국어와 중국 문양 사용에 대한 금지를 해제했다. 이에 따라 이전에는 금지되었던 중국어 간판이 거리에 설치되었고, 중국어책 수입이 재개되었으며, 유교 페스티벌 금지 조항도 폐지되었다. 수하르토의 신질서기에는 목도되지 않았던 것들이 대중매체에 등장했는데, 중국어 뉴스와 중국 드라마가 텔레비전에서 방영되는가 하면, 초국가적 중국 대중문화도 수용되었다. 춘절이라 불리는 음력 설에 인도네시아의 도시에서 사자춤 공연과 홍등 장식 등을 볼 수 있게 되었으며, 차이나타운, 정화 사당 등이 새롭게 관광지로 부상했다.

그런가 하면 2003년 메가와티 수카르노푸트리Megawati Sukarnoputri 5대 대통령은 음력 설을 공휴일로 공식 인정했다. 그 뒤를 이어 수실로 밤방 유도요노Susilo Bambang Yudhoyono 대통령은 2006년 신시민권법 제정을 통해 화인에 대한 차별을 법적으로 금지했다. 이후 조코 위도도가 2012년 자카르타 주지사로 선출되면서 화인 출신 정치인 아혹Ahok(본명은 바수키 차하야 푸르나마Basuki Tjahaja Purnama)이 부주지사가 되었고, 위도도가 주지사 임기를 마치기 전 2014년에 제7대 대통령에 당선되면서 아혹은 자카르타 주지사직을 물려받았다. 이전까지 화인 출신 정치가가 이렇다 할 활약을 한 적 없는 것과 대조적이다. 이는 화인의 지위가 이전과는 달라졌음을 시사한다.

그러나 아직 화인들에게 완전한 봄이 찾아온 것은 아니었다. 화인 정치인의 등장을 불편하게 바라보는 이슬람 극단주의 세력과의 충돌로 아혹은 '이슬람 신성모독죄'라는 죄명으로 2년간 복역해야 했다. 아혹에게 씌워진 신성모독죄가 가짜 뉴스에 의한 것이라는 지적도 있다. 또한 사회적으로도 화인을 향한 보이지 않는 차별은 지속되고 있다. 이를테면 화인들이 주민등록증이나 가족등록증 등을 발급받으려 하면 수백만 루피아에 이르는 불법 브로커 비용(뇌물)을 요구하거나, 신질서 기간에 공식종교에서 삭제되었지만 개혁기에 다시 종교의 자유를 보장받은 유교 전통에 따라 결혼한 부부에게 결혼 허가를 내주지 않는 관료의 행태 등이 여전히 보고되고 있다. 또한 화인들은 사업허가권을 취득하는 일에도 말레이계보다 어려움을 겪는다고 알려져 있다.

이전에 비해 현저하게 줄어들기는 했지만 법적·사회적으로 여전히 차별이 이어지는 이런 상황에서 화인들은 이슬람의 수용을 통한 주류 말레이 사회에의 동화 전략을 본격적으로 수립한 것으로 보인다. 대중매체에는 기존에는 볼 수 없었던 화인 울라마(이슬람 사회의 신학자·법학자의 총칭)들이 모습을 드러내기 시작했다. 대표적인 인물은 여성 울라마인 탄메이화Tan Mei Hwa, 유명한 프레만preman(깡패) 출신으로 절도·마약 거래·불법도박으로 무려 18년간 복역 후 무슬림으로 개종한 안톤 메단Anton Medan, 그 밖에 코코 림Koko Liem, 펠릭스 시아우Felix Siauw, 샤피 안토니오Syafii Antonio 등이 있다. 이들은 텔레비전의 종교 프로그램에 출연해 이슬람 대중 강연을 진행하고 있다.

화인 무슬림 정치인들도 지방선거에서 두각을 나타내기 시작했다. 아혹이 화인 정치인이긴 했지만 기독교도였던 반면, 2017년 중부 자바의 반자르너가라Banjarnegara 군수로 선출된 화인 출신 부디 사르워노Budhi Sarwono는 무슬림이었다. 또한 동부 자바 말랑Malang의 시장선거에서도 2013년에 모하마드 안톤Mochamad Anton이라는 화인 무슬림 기업가가 당선되었다.

이것은 이전에 화인들이 이슬람에 대해 견지했던 자세와 매우 다른 것이었다. 앞에서 이야기한 대로 이전 시기에 화인들은 이슬람을 자신들을 탄압하는 세력으로 여기고, 이슬람으로의 동화를 꺼렸다. 그러나 개혁기가 되자 화인들이 점차 이슬람으로의 개종을 통해 현지 사회와의 좀 더 공격적인 동화를 시작한 것이다. 여기에는 비단 정치·사회적인 이유만 존재하는 것은 아니다. 인도네시아 사회 저변에 이슬람이 전보다 긍정적인 모습으로 비춰진 데 보다 근본적인 이유가 있다고 봐야 한다.

신질서 시대에 중국적 요소와 마찬가지로 공적 영역에서 표현을 억압당했던 '이슬람'이 개혁기에는 소비시장의 주요한 트렌드로 부각됐다. 이른바 팝이슬람이 대대적으로 유행하기 시작한 것이다. 신질서기에는 이슬람이 문학작품이나 영화, 드라마의 소재가 된 경우가 좀처럼 없었고, 소수의 작품이 라마단(이슬람 금식월) 기간에 포교 목적으로 텔레비전과 라디오에서 방영되었을 뿐이었다. 수하르토는 집권기 내내 정치적 소신인 "정치적 이슬람 반대, 문화적 이슬람 찬성 Political Islam, No! Cultural Islam, Yes!"을 견지했는데, 이는 정권 전반기에는 이슬람 세력을 정치적 경쟁자로 인식했기 때문이었다. 사실 수하르토가 공산당 소탕을 통해 공산세력과 수카르노를 몰아낼 때, 그를 가장 지지하며 공산당 숙청에 자발적으로 동참한 것이 이슬람 단체들이었다. 따라서 무슬림들은 신질서 정권 수립에 대한 자신들의 기여를 고려하여, 수하르토가 이슬람 우대 정책을 펼 것을 기대했다. 그러나 막상 수하르토는 대통령에 오르자 이슬람 정치세력을 억누르기 위해 다양한 정책을 폈고, 기존의 이슬람계 정당들을 이름마저 종교적 색채를 뺀 '통일개발당'으로 통합해 집권 여당인 골카르Golkar의 꼭두각시 야당으로 전락시켜버렸다. 이것은 수하르토가 이슬람이 정치 이데올로기로서 가진 대중 동원력을 위험스럽게 바라본 데 이유가 있었다. 그는 집권 전반기에 이슬람 인사를 정치에서 배제하면서 철저히 세속적인 정치를 펼쳐나갔다.

그러나 집권 후반기에 이르면 이슬람에 대한 대중의 인식이 긍정적으로 변화하고, 수하르토 또한 이슬람 세력에 유화적인 정책들을 발표하게 된다. 이는 그간 수하르토의 든든한 지지세력이었던 군부와의 사이가 점차 소원해진 데 따라 새로운 지지기반이 필요해진 까닭이었다. 또한 정치적으로 무슬림의 배타적 특권을 일방적으로 요구하지 않는 온건한 무슬림 중산층이 수하르토 집권기 경제부흥의 일환으로 성장한 것과 깊이 연관되어 있다. 무슬림 중산층은 고등 교육을 받고, 무슬림으로서의 정체성을 자랑스러워하며, 정치적 이슬람보다는 문화적으로 우월한 이슬람이 사회에 기여하기를 바라는 계층이었다. 예전의 이슬람이 가난한 농촌의 삶, 종교적 교조주의, 아랍 종교, 반反화인·반反서구 정서, 무슬림 극우주의자들의 이슬람국가 수립 노력 등으로 표상되는 교조적이고 정치적인 이미지였다면, 수하르토 후반기에는 고급 라이프스타

일과 소비문화로 대표되는 문화상품으로 이미지가 전환된 것이다. 그러자 수하르토도 정치 이데올로기로 사용될 경우 이슬람이 가진 폭발성에 대해 더 이상 긴장하지 않게 된 것으로 보인다. 이에 수하르토는 자신의 재단 기부금으로 전국에 모스크를 지어주고, 문화적 이슬람의 성장을 장려하였다. 이슬람이 고급스러운 중산층 이미지와 중첩되기 시작하자 화인들도 이슬람에 대해 보다 긍정적인 자세를 갖게 되었으리라.

  이런 상황 속에서 인도네시아의 화인 무슬림 숫자는 증가 추세에 있으며, 더 나아가 정화 모스크를 수립하여 자신들의 정체성에 변화를 꾀하고 있다. 한 가지 흥미로운 사실은, 마찬가지로 정화 숭배 사상이 존재하는 말레이시아에서는 국가가 통제하는 이슬람 관청에서 중국풍 모스크 건축허가를 잘 내주지 않는다는 점이다. 이와 관련해서 개혁공간의 인도네시아에서 이루어지고 있는 정화 모스크 건립은 화인 사회의 변화뿐만 아니라 인도네시아에서 화인에 대한 인식 변화도 시사하는 것이다.

  정화 모스크는 1965년에 이어 화인들에게 큰 타격을 준 1998년 폭력을 겪은 후, 화인들이 인종갈등 해소 방안이자 토착인과의 상생 방안으로 수립한 '자발적 동화' 전략이다. 다음 장에서는 신질서 후반 이후 본격 가동된 화인들의 동화 전략이라는 전제하에, 2000년대 초반에 정화 모스크가 건립된 배경과 이슬람 전파 관련 담론에 대해 살펴보도록 하겠다.

chapter

4

정화 모스크와
이슬람 전파에 대한 담론

chapter 4 | 1

모스크로 부활한 정화

　　　　　　　　인도네시아에서 이슬람이 전파된 시기가 언제인가 하는 문제는 오랜 논쟁의 대상이었다. 가장 널리 알려진 이론은 현지에서 발견된 비문과 고문서의 기록, 유럽이나 중국의 사료에 의거하여 13세기 말 수마트라 북부지역부터 점차 군도에 확산되었다는 것이다. 마르코 폴로Marco Polo의 『동방견문록Divisament dou Monde』은 현재의 수마트라 북서부에 해당하는 사무드라Samudra 왕국과 파사이Pasai 왕국을 방문했을 때 왕과 귀족은 이미 이슬람화되었지만 백성들은 여전히 힌두-불교도라고 전하고 있다. 인도네시아의 이슬람은 아랍에서 상인들이 직접 전파한 예도 있지만, 보통 아랍에서 인도로 먼저 이슬람을 전파했고 인도 서부 구자라트Gujarat 지방의 무슬림 상인들이 동남아시아에 무역을 하러 와서 전파했다는 것이 학계에서 가장 잘 알려진 이론이다.

그러나 수십 년 전부터 인도네시아의 무슬림은 군도부 동남아시아에 이미 10세기부터 형성된 아랍인 마을Kampong Arab들이 존재했고, 이것은 이 시기부터 이슬람이 아랍에서 직접 전파된 증거라고 주장해왔다. 예를 들면 참파, 트렝가누를 비롯하여 사무드라-파사이, 퍼를락Perlak, 델리Deli, 람브리Lambri, 아체 등 말레이 세계에 존재하던 왕국에는 이런 아랍인 공동체가 존재했다는 것이다. 아랍 무슬림들이 동남아시아에 드나든 가장 중요한 목적은 향료 무역이었다. 이 향료 무역로가 도자기 무역로와 연결되어 인도양을 가로지르는 동서 무역로가 개척된 것이다. 인도양의 바닷길이 개척되면서 아랍과 인도, 믈라카 해협을 지나 중국을 연결하는 향료 무역로에 위치한 항구들이 개발되기 시작했다. 대략 8세기부터 10세기까지 향료 무역을 장악한 것은 무슬림 상인, 특히 인도 구자라트 출신 상인들이었다.

하지만 아랍인 마을들의 존재가 현지인들의 이슬람화와 관련이 있는지는 제대로 밝혀진 바가 없다. 인도를 통해 이슬람교가 전파되기 이전에 이미 무슬림 마을이 있었다는 후자의 주장은 인도를 거쳐 유입된 이슬람이 제설혼합적 양상을 보인다는 전자의 주장에 대한 반박인 셈이다. 이를 통해 인도네시아 무슬림은 자신들의 이슬람이 아랍에서 직접 전파된 순수한 성질의 종교이며, 이슬람 세계가 탄생한 7세기에 바로 군도에 전파되기 시작했다고 주장함으로써 일찍이 이슬람교가 전래된 초기 이슬람 중심지로서 인도네시아의 종교적 지위를 높이고자 한다.

그런데 여기에 최근 정화 모스크를 둘러싸고 벌어진 논쟁이 추가되었다. 바로 자바의 이슬람화에 인도나 아랍 상인이 아니라 중국인, 특히 정화 일행이 가장 크게 기여했다는 주장이다.

인도네시아의 화인들은 동남아시아에 도래한 시기가 언제냐에 따라 크게 두 그룹으로 분류된다. 대부분의 화인은 19세기에 식민정부의 현지 노동력 충원을 목적으로 유입된 토톡 Totok 화인이다. 반면 수백 년 전부터 동남아시아에 유입된 중국 남성들이 현지 여성들과 혼인한 결과 탄생한 메스티소 그룹은 페라나칸 화인이다. 현재 화인 인구의 대다수를 차지하는 토톡 그룹은 현지인과의 동화를 거부하며, 중국의 정체성과 문화를 지키려고 애써왔다. 이들은 인도네시아의 주요 종교인 이슬람을 수용하지 않고, 중국의 보편적인 종교인 불교와 도교를 유지하려고 노력한다. 한편 정화는 페라나칸 커뮤니티의 상징적 구심점인데, 정화 일행이야말로 페라나칸 화인의 조상이라고 여기기 때문이다.

정화 일행의 기록이나 『명사』에는 정화가 스마랑을 방문했다는 기록이 남아 있지 않지만, 스마랑 현지에는 여러 전승이 전해 내려온다. 그에 따르면 정화 일행은 1416년의 5차 항해 때 스마랑에 방문했다. 앞서 살펴본 대로 정화의 부관 왕경홍이 병이 나자 그가 한 동굴에서 치료받도록 조치하고 나머지 일행은 남은 여정을 떠났다. 여기에 세워진 것이 정화 사원 삼보묘 또는 삼푸콩 사원이다. 정화는 이 사원을 방문하는 말레이시아, 싱가포르, 브루나이의 화인 중 무슬림에게는 영적 주군으로, 비무슬림에게는 이주 중국인Tionghoa perantauan의 수호자로 여겨졌다. 어느 종교를 믿든지 중국인들에게 정화는 중요한 정신적 지주가 되었던 것이다.

수백 년간 유·불·도 신앙의 대상이었던 정화는 인도네시아 개혁공간에서 화인 무슬림들을 통해 일대 변신을 하게 된다. 이는 정화 모스크의 건설에서 확인되는 것이다. 정화 모스크 건립을 주도한 단체는 카림우이가 설립한 화인무슬림협회다. 이 단체는 1953년에 수립된 두 단체 '중국인이슬람협회Persatuan Islam Tionghoa'와 '무슬림중국인협회Persatuan Tionghoa Muslim'를 모태로 한다. 1961년에 두 단체가 병합되어 화인무슬림협회가 탄생했다. 원래 정당이었던 이 단체는 수하르토 집권기 화인들의 탈정치화 기조 속에서 정치성, 종족성이 배제된 종교 기구로 전락했다. 기존 명칭에서 중국인Tionghoa이라는 말을 삭제한 것은 중국인에 대한 불신을 피하려는 의도였다. 화인무슬림협회는 무하마디야나 나흐다툴 울라마 같은 이슬람 단체와 비슷한 구조를 갖추었고, 화인이 많이 거주하는 대도시에 본부를 두고, 읍 단위의 행정구역까지 협회 사무소를 확대해가고 있다.

무슬림 화인들의 정치운동은 이미 1930년대에 태동한 것으로 보인다. 특히 강성 이슬람 지역인 수마트라, 술라웨시 지역에서 화인이슬람정당이 출범했고, 인도네시아 독립 후에는 메단Medan에 근거지를 둔 이슬람 정당들이 자카르타로 이전해 정치에 참여하기도 했다. 당시 무슬림 중국인이 세운 정당은 인도네시아이슬람중국인정당Partai Tionghoa Islam Indonesia (1930년 창설), 중국인이슬람협회(1936년 창설), 인도네시아중국인이슬람협회Persatuan Islam Tionghoa Indonesia(1953년 창설) 등이 있다. 이것은 토착인뿐만 아니라 무슬림 중국인도 인도네시아의 민족운동에 동참했음을 보여준다.

일찍이 중국인 동화설을 외친 대표적인 인물은 유누스 야흐야Junus Jahja, 무 부드야트나Muh Budyatna 등의 화인이었는데, 그들은 동화야말로 화인을 향한 정치적·사회적 차별을 해소하는 방안이라고 보았다. 대표적 인물인 유누스 야흐야는 1961년 자바의 암바라와Ambarawa 지역에서 이른바 '동화 헌장Piagam

Asimilasi'에 서명하고 현지 사회와의 전면적 동화를 외친 30명의 화인 지식인 중 한 명이다. 네덜란드에서 유학하던 시절에 그는 중국계 인도네시아인 유학생들에게 인도네시아중국인학생회에서 탈퇴하고 인도네시아학생연합에 가담할 것을 촉구했다. 귀국 후에는 인도네시아국적협의회가 인종적 정체성을 내세우는 것에 반대하고, 무슬림으로 개종하며 동화주의를 역설했다. 그러나 유누스와 일부 화인들의 동화를 주장하는 목소리는 수하르토 시기까지는 화인들 사이에서 별로 주목을 끌지 못했다.

수라바야의 화인들이 정화 모스크 건립에 앞장선 보다 직접적인 원인은 1998년 당시 화인들이 사회 폭력의 대상이 되고, 상점 약탈과 방화, 살인, 강간 등을 경험한 것이다. 그후 수라바야 화인 사이에서 이전에 추진한 것보다 더욱 강력한 동화 전략을 구축해야 한다는 의견이 대두했다. 이런 배경 속에서 제1호 정화 모스크가 수라바야의 잘란 가딩 Jalan Gading에 세워져 2003년 3월 공식 개관했다. 약 200명의 신도를 수용할 수 있는 이 모스크는 동부 자바 화인무슬림협회 건물 뒤편에 있다. 수라바야 정화 모스크의 세부 운영은 화인무슬림협회 산하 기관인 하지정화재단 Yayasan Haji Muhammad Cheng Hoo이 담당하고 있다. 비무슬림인 유력 화인 기업인들이 건축비의 70퍼센트를 부담했다고 알려져 있다. 이슬람교 신자가 아닌 화인

기업인들이 정화 모스크 건립비용을 댔다는 것은 수라바야의 중산층 화인들이 이 모스크가 화인들을 향한 폭력을 막아줄 방안이라는 데 동조했음을 보여준다.

2 | chapter 4

자바에 이슬람을 전파한 아홉 명의 성인

　　　　　　　정화 모스크의 건립 내러티브는 이전 과는 달리 상당히 공격적이고 적극적인 방식으로 화인 무슬림들이 현지 사회에 동화되려는 것을 보여준다. 화인무슬림협회는 정화 모스크 건립과 관련하여, 자바에 이슬람을 전파한 선구자들이 15세기 정화의 원정대와 관련 있는 중국인 무슬림이라고 주장한다. 특히 자바 이슬람화의 주역은 '왈리송오wali songo'라 불리는 9명의 성인인데, 이들 모두가 원정대가 주축이 되어 수립한 중국인 커뮤니티 출신이라고 설명한다. 자바어로 왈리는 성인을, 송오는 숫자 9를 뜻한다. 이 주장은 학계에 수용된 인도네시아의 이슬람화 이론과 상치되는데,

기존 이론에 따르면 이슬람은 13세기 말 아랍 무역상, 페르시아 수피교도, 인도 구자라트 지방의 무슬림 상인에 의해 인도네시아에 전파되었다. 왈리송오는 이집트와 터키에서 온 무슬림들, 수마트라 북부의 아체인과 자바인 등 현지인들로 구성되었다고 본다. 여기서 한 가지 분명한 것은, 정화의 원정대가 자바에 도착한 시점에 군도부 동남아시아에서는 분명 이슬람화가 빠른 속도로 진전되고 있었다는 점이다. 자바뿐만 아니라 말레이반도를 중심으로 한 믈라카 왕국도 15세기에 인도양 국제무역에서 중추적인 역할을 담당하며 유명한 이슬람 왕국으로 부상하고 있었다. 따라서 정화 일행이 자바의 이슬람화를 주도했다고 주장하는 학자들은 이미 이슬람화가 진전되고 있던 도중에 정화의 원정이 이슬람화를 가속했다고 강조한다. 슬라멧 물랴나Selamet Muljana, 수만토 알 쿠르투비Sumanto Al-Qurtuby, 데니스 롱바르Dennys Lombard와 클로딘 살몽Claudine Salmon, 탄 타 센Tan Ta Sen 등이 대표적인 학자이다.

사실 9명의 왈리송오 중 적어도 몇 명은 중국인이었다는 담론은 이미 1960년대부터 몇몇 인도네시아와 네덜란드 학자들에 의해 제기되어왔다. 이러한 주장은 수마트라 바탁Batak 출신의 학자 파르린둥안Mangaradja Onggang Parlindungan이 1964년에 출판한 책, 『투안쿠 라오Tuanku Rao[20]』에 첨부된 두 건의 고문서로부터 촉발되었다. 파르린둥안은 자신의 책에서 네덜란드 식민 주재관이었던 포트만Portman이라는 사람이 1928년에 스마랑의 삼푸콩 사원과 치르본 지역 탈랑Talang에 있는 삼차이콩Sam Cai Kong 사원에서 「스마랑 중국인 연대기」와 「치르본 중국인 연대기」라는 두 개의 고문서를 발견해 은퇴 후 네덜란드로 가져갔다고 설명했다.[21] 포트만은 두 사료를 합쳐 "믈라유(말레이) 연별기록Catatan Tahunan Melayu"이라는 제목을 붙였다. 파르린둥안은 1937년에 그에게 이 사료의 복사본을 얻어 "1411-1564년, 자바 이슬람 발전에 있어서 하나피 이슬람 중국인들의 역할Peranan Orang Tionghoa/Islam/Hanafi didalam Perkembangan Islam di Pulau Jawa 1411-1564"이라는 제목으로 자신의 책에 첨부했다. 원본은 포트만이 네덜란드의 레이든 민족학박물관에 기증했다고 설명했다.

스마랑 연대기와 치르본 연대기는 공통적으로 1500년 이전 자바에 거주하던 모든 중국인은 운남성과 산두汕頭(산터우) 출신이라고 적고 있는데, 이 문헌에 중국인 성씨로 언급된 마씨와 봉씨는 운남성 성씨이고, 간씨는 산두 지방 성씨이기 때문이다. 실제로 1500년 이전에 광동성 산두 지방에는 중국인 무슬림이 많이 거주하고 있었다. 스마랑 연대기는 이 책 1장에서 언급된 사건, 즉 팔렘방 지역에서 세력을 떨치던 중국인 우두머리 양도명을 정화가 체포해 명으로 압송한 이야기부터 시작하고 있다. 이후 팔렘방에서는 수니파의 일종인 하나피

학파의 중국인 무슬림 커뮤니티가 1411년에 수립되었고, 이어서 동남아시아 여러 지역에 중국인 무슬림 커뮤니티가 생성되었다. 정화의 일행 중 봉타켕Bong Ta Keng과 간응추Gan Eng Cu 등의 인물은 자바, 팔렘방, 삼바스Sambas 등지의 무슬림 중국인 커뮤니티를 다스리며 명과 동남아 중국인을 잇는 매개자 역할을 수행했고, 자바의 마지막 힌두 왕국인 마자파힛의 대사로도 활동했다. 간응추는 호키엔인으로, 아마도 복건성 천주시 출신인 것으로 보이며, 이 천주 지방은 일찍부터 외국과의 교역이 활발하여 중국화된 회족 공동체가 형성되었던 곳이다. 정화의 임무 중 하나는 바로 동남아시아의 중국인들을 명의 효율적인 통제하에 두는 것이었으므로 간응추를 비롯한 정화의 일행들은 이주중국인관청을 세우고 남양에 살고 있던 중국인을 통솔했는데 그들 대부분은 무슬림이었다. 이 관청의 본청은 참파에 있었고, 필리핀 마닐라에 지부가 설립되어 있었는데 간응추는 바로 마닐라 지부를 책임졌다. 1423년에 본청이 참파에서 자바의 투반으로 이전했으며, 투반 관청은 자바와 수마트라의 중국인들을 통제하고 감시하는 역할을 수행했다. 정화가 이슬람화를 주도했다고 주장하는 학자들은 이 기관에 속해 있던 중국인들이야말로 자바의 이슬람화에 결정적 역할을 한 사람들이라고 전한다. 다음의 도표는 이주중국인관청의 조직도이다.

이주중국인관청 조직도

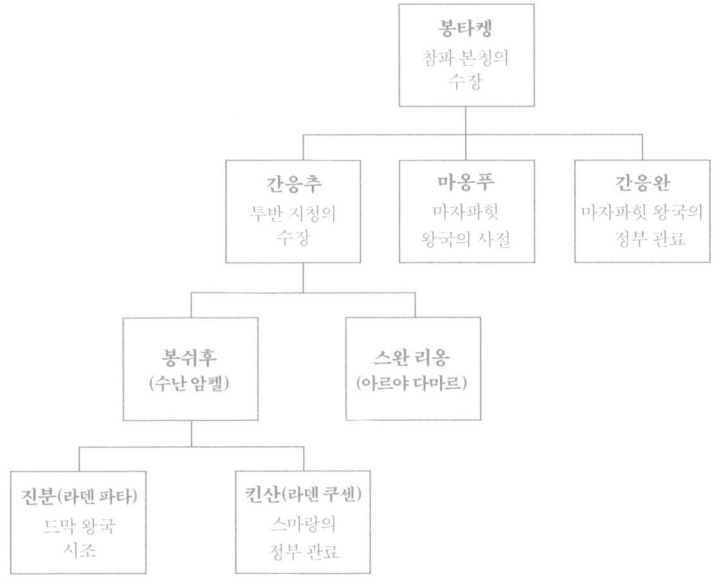

이주중국인관청에 관여한 각각의 인물에 대해 좀 더 자세히 알아보자. 봉타켕은 운남성 출신으로 참파 본청의 수장이었으며, 그는 간응추를 투반 지청의 수장으로 임명했다. 가장 눈에 띄는 인물은 바로 왈리송오 중 한 명인 수난 암펠Sunan Ampel로 추정되는 봉쉬후Bong Swi Hoo인데, 자바 화인 무슬림 공동체의 설립자라 알려져 있다. 그는 봉타켕의 손자이자 간응추의 사위이다.

스마랑 사료는 15세기 중반 진분Jin Bun과 킨산Kin San에 대한 이야기로 전환하는데, 문서에는 진분이 마자파힛 왕국을 멸망시키고 들어선 자바 최초의 이슬람 왕국인 드막Demak의 초대 왕 라덴 파타Raden Fatah로 추정된다는 설명이 적혀 있다. 이어서 스마랑 연대기는 봉쉬후의 아들과 제자 이야기를 다룬다. 파르린둥안은 이들을 각각 왈리송오인 수난 보낭Sunan Bonang과 수난 기리Sunan Giri로 비정하고, 16세기 초반에 활동한 자틱수Ja Tik Su라는 중국인을 수난 쿠두스Sunan Kudus로 추측했다. 다시 말해 파르린둥안은 스마랑 연대기에 등장하는 중국인들을 자바의 왈리 송오라고 보고 있는 것이다.

치르본 연대기는 15세기 초 공자의 후손인 쿵우핑Kung Wu Ping이라는 중국인이 도래한 이래로 치르본 지역에 하나피계 무슬림 중국인 사회가 수립되었고, 이후 16세기 초에 동부 자바에서 드막의 군대가 쳐들어와 치르본에 이슬람 왕국이 수립되었다고 적고 있다. 이어지는 부분에서는 치르본의 첫 번째 술탄인 탄 삼 차이Tan Sam Cai가 드막의 병사 출신으로, 치르본의 중국인의 딸과 혼인했다고 한다. 탄 삼 차이가 사망한 후 그를 기리는 삼차이콩 사원이 세워졌는데, 이 사원이 이 치르본 중국인 연대기가 발견된 곳이다. 결국 두 문서의 내용을 종합해보면, 정화의 함대가 동남아에서 항해하는 동안 자바에 중국인 하나피 무슬림 네트워크가 형성되어서 자바 이슬람화가 촉발되었고, 드막 왕국과 치르본 왕국의 수립 과정에서 정화와 그의 원정대 중 무슬림들이 자바의 이슬람화에 크게 기여했다는 것이다.

정화의 이슬람 전파설을 주장하는 학자들은 1450년대에 정화의 항해가 중단되면서 자바에 비무슬림 화인들이 증가했다고 설명한다. 당시 화인들은 이주중국인관청을 통해 계속 명의 지원을 받길 원했지만 이미 해양무역에 관심을 접고 바다로의 진출입을 막는 해금령을 내린 명은 이 기관의 존재를 무시했다. 그러자 자바와 팔렘방의 화인 무슬림 사회가 쇠퇴한 것이다. 화인 무슬림이 점차 사회에서 영향력을 잃고 이전의 중국 종교로 돌아가게 되면서 그들이 세운 자바식 모스크들이 유·불·도교 사원으로 변모했다. 본국과의 교류와 지원이 끊긴 중국인들은 현지 사회에 동화되었고, 이름도 현지식으로 바꾸었기 때문에 이들을 추적하는 것은 거의 불가능한 일이었다. 하지만 롱바르와 살몽은 일부 계보를 추적해냈다. 이들은 시다지Si Da-Jie라는 여성 중국 무슬림에 대해 추적했는데, 시다지는 비무슬림 중국인 상인의 첫째 딸이고 팔렘방에 살았다. 그녀의 아버지는 명의 관료이자 팔렘방에 거주하던 시진칭Shi Jinqing이었다. 시다지는 그레식Gresik으로 이주한 후 여성임에도 불구하고 막강한 권력을 가진 항만장, 샤반다르에 임명된 후, 이름을 현지식으로 냐이 피나테Nyai Pinateh라고 바꾸었다. 그레식에서 샤반다르로 일하면서 한 아이를 입양해 키우는데, 그가 바로 왈리송오 중의 한 명인 수난 기리였다. 냐이 피나테라는 인물은 유럽의 여러 사료에도 등장하는 실제 인물인데, 이 학자들은 이 여성이 중국인이었다고 주장하고 있는 것이다. 사실 이 부분은 그 역사성에 대해 의심의 여지가 없는 것은 아니다. 이 시기 중국인들은 대개 남성만이 이주했고 현지인 부인을 두었으므로, 엄밀히 말해서 시다지에게 중국인의 피가 흐른다고 해도 단순하게 중국인이라고 말하기 어렵다. 또한 당시의 중국인 우두머리들이 어린 노예를 사다가 입양해서 딸로 키웠던 일들이 종종 있었기 때문에 시다지의 순수 중국인 설에는 석연치 않은 부분이 존재한다.

스마랑 연대기와 치르본 연대기의 진위 여부는 학계의 뜨거운 논쟁거리가 되어왔다. 이를테면 유명한 인도네시아 연구가 리클레프스M. C. Ricklefs는 두 연대기를 분석한 학자들의 노고를 치하하면서도 문서의 진위에 대해서는 의문을 제기했다.[22] 또 다른 학자인 버그C. C. Berg는 왈리송오는 중국인이 아니라 아랍인이 대부분이었다고 주장했다.[23]

싱가포르에 연구 기반을 둔 학자 제프 웨이드Geoff Wade는 이 문서들에 관심을 갖고 연구를 진행하여, 포트만이 실존 인물이었고, 스마랑 사료에 등장하는 간응추가 실제 마자파힛의 사신으로 명을 방문했다는 기록이 『명사』에 적혀 있는 점, 그리고 『명사』가 1964년 이후에야 외국어로 번역이 되었으므로 파르린둥안이 책을 발간했을 무렵에 그 이름을 알았을 리 없다는 점을 들어 고문서가 진짜일 것이라고 주장했다.[24]

그러나 알렉산더 웨인Alexander Wain은 두 고문서의 진위가 불분명하며, 포트만이 문서 자체를 조작했을 가능성에 대해 논리적으로 입증하는 등 적극적인 사료 비판을 통해 이 연대기들을 왈리송오가 중국인이었다는 역사적 근거로 삼는 것은 부당하다고 반박했다. 웨인은 포트만이 문서를 발견했다는 해가 1926년인데 사실 그는 1925년에 이미 은퇴하여 네덜란드로 복귀한 상태였고, 파르린둥안이 복사본을 첨부했지만 그 누구도 고문서의 원본을 본 적이 없으며, 포트만이 원본을 레이든 민족학박물관에 기증했다고 하지만 박물관에 기증이나 보관 기록이 전혀 없다는 점을 근거로 들었다.[25] 사료에는 정화의 원정이 끊긴 이후 현지 중국인들이 이슬람을 버리고 원래의 유·불·도교로 전환했다고 설명되어 있지만, 사실 이 시기부터 자바의 이슬람화가 촉진되어 실제 중국인들도 이슬람화가 더욱 진전되었을 가능성이 있다.[26] 치르본 연대기의 경우 정화 일행이 남긴 어떤 기록에도 그들이 치르본을 방문했다는 기록이 없으며, 그 연대기의 내용이 치르본에서 발견된 다른 연대기들인 「하사누딘 이야기Hikayat Hasanuddin」나 「푸르와카 차루반 나가리Purwaka Caruban Nagari」 등과 매우 흡사하다는 점 등을 들어 이 문서들이 조작되었을 가능성이 제기되었다. 웨인은 포트만이 당시 중국어를 읽을 줄 알았고, 레이든 대학에 한문으로 표기된 『명사』가 있던 점으로 보아 그가 현지에서 수집한 고문서 몇 개와 『명사』 내용을 바탕으로 이 두 문서를 조작했을 가능성을 제기했다.

사료의 진위가 논란이 되는 가운데, 한편으로 『투안쿠 라오』 출간 이후 인도네시아 학자들은 이 사료를 이용해 자바의 초기 이슬람사를 재구성했다. 유명한 역사가이자 파르린둥안의 제자인 슬라멧 물랴나는 두 고문서와 자바 마타람Mataram 왕조의 연대기인 「바바드 타나 자위Bababd Tanah Jawi」의 텍스트 분석을 통해 1968년에 『군도의 힌두-자바 왕국의 붕괴와 이슬람 국가들의 출현Runtuhnja Keradjaan Hindu Djawa dan Timbulnja Negara-Negara Islam di Nusantara』이라는 책을 출판했다. 여기서 그는 자바의 이슬람 전파자가 모두 중국인이었고, 중국 황제가 마자파힛을 무너뜨리기 위해 파견한 사람들이라 주장했다.[27]

또한 물랴나는 1976년 『마자파힛 이야기A Story of Majapahit』라는 제목의 영문 책을 발간하여 중국식 건축양식을 지닌 드막 모스크, 자카르타의 냐이롱겡Nyai Ronggeng 모스크, 치르본의 탈랑Talang 모스크는 중국식 정자를 흉내 낸 것이며, 이는 수백 년 전부터 중국인들이 모스크를 세우고 이슬람을 받아들인 증거라고 주장했다.[28] 그는 드막 모스크를 건축한 것은 왈리송오 중 한 명인 수난 칼리자가Sunan Kalijaga인데, 그가 중국인 무슬림이었고, 자카르타 냐이룽겡 모스크의 주인공 냐이룽겡은 정화의 요리사와 결혼한 여성 룽겡춤 무용수였다고 설명했다.

그러나 이 역사가들의 주장은 인도네시아 정부와 대중, 다른 학자들의 저항에 부딪혔다. 화인과 현지인 간 인종적 갈등이 거세던 시절에 말레이계의 상징과 같은 이슬람을 중국인들이 전파했다는 내용이 분노를 일으킨 것이다.『투안쿠 라오』에 대한 비판은 무려 10년간이나 계속되었고, 결국 1971년에 금서로 지정되면서 '중국인의 이슬람 전파설'이라는 주제는 인도네시아에서 아예 금기시되었다. 그럼에도 1984년 네덜란드 학자인 흐라프Hermanus Johannes de Graaf와 피헤아우트 Theodore G. Th. Pigeaud는 파르린둥안의 고문서를 바탕으로 15세기 자바의 북부 항구에 하나피 무슬림들이 무역 네트워크를 구축했다며, 서부 자바에 구전되는 전설을 근거로 드막의 첫번째 술탄이 중국인이었고 왈리송오 중 적어도 두 명 이상이 중국인이었을 가능성을 제기했다.[29]

이후 다시 중국인 무슬림이 이슬람 전파에 미친 영향이라는 주제가 학계의 관심을 끌게 된다. 롱바르와 살몽은 원과 명 초기에 많은 수의 중국인 무슬림이 동남아로 이주했으며, 이때 실제로 지역 내 이슬람화가 크게 진전되었다고 분석했다.[30]

드막 모스크

치르본 탈랑 모스크

chapter 4 정화 모스크와 이슬람 전파에 대한 담론

다른 학자들도 포트만 문서의 일부 내용은 진짜라고 주장하면서, 자바 고문서의 하나로 충분히 분석할 만한 가치가 있다고 설명했다. 이런 연구의 영향을 강하게 받아 알 쿠르투비와 탄 타 센 등은 왈리송오와 정화의 관련성을 강력하게 주장했다.[31] 그들은 자바의 여러 도시를 조사하여, 정화와 로컬 이슬람에 관한 많은 구전 신화를 발견하고 분석했다. 특히 알 쿠르투비는 왈리송오와 정화의 관련성을 강력하게 주장한 대표적인 연구자이다. 그는 정화 원정대의 서기였던 마환, 16세기에 반텐Banten을 여행한 네덜란드인 루더비크스Loedewicks, 모로코의 이븐 바투타Ibn Battuta의 사료를 검토하고 자바의 살라티가Salatiga, 쿠두스Kudus, 치르본, 마자파힛 등 여러 도시를 조사하여, 지역 내에 전해 내려오는 민간 전설을 취합함으로써 정화와 로컬 이슬람에 관한 다양한 내러티브가 형성되어온 것을 분석했다.[32]

이를 토대로 알 쿠르투비는 중국에서 무슬림이 많이 거주하는 지역이었던 광동, 장주, 천주의 무슬림들이 정화를 따라 원정에 참여했으며, 이들이 자바의 그레식, 투반, 수라바야에 거주하기 시작했고, 이후 스마랑, 치르본, 자카르타와 반텐으로도 퍼져나갔다고 주장했다. 광동, 장주, 천주가 일찍부터 외국과의 교역이 활발했고, 무슬림들이 거주했으며, 바다로의 출입이 활발했던 지역임을 감안하면 충분히 가능한 추정이다. 또한 그는 자바 왕실 연대기인 「바바드 타나 자위」와 「스랏 칸다닝 링깃 푸르와Serat Kandaning Ringgit Purwa」「차리타 라셈Carita Lasem」 등 현지에서 발굴된 사료 분석을 통해 드막의 초대 왕인 라덴 파타는 화인 무슬림이었고, 그가 자바에 이슬람을 전파했다고 주장했다. 그 근거로 드막과 반텐의 오래된 모스크들이 중국풍으로 지어졌음을 들었다. 중국인 무슬림의 중요성은 이러한 로컬 모스크의 디자인에서 드러난다고 쿠르투비는 주장한다. 이를테면 즈파라Jepara의 만팅안Mantingan 모스크, 반텐 모스크의 미나레트(첨탑), 그레식에 있는 수난 기리의 무덤, 치르본 왕실의 건축 등은 베이징의 자금성 디자인 양식을 떠올리게 한다는 것이다.

  이러한 주장이 흥미로운 것은, 정화를 기리는 삼푸콩 등의 사원이 원래는 정화 일행이 모스크로 건축한 것인데, 정화의 사후 중국인 무슬림이 비이슬람으로 전환하면서 모스크들을 도교 사원인 클렌텡으로 변경시켰다고 설명한다는 점이다. 모스크에서 변질된 사원에서는 중국의 여러 인물과 신이 신앙의 대상이 되었는데, 대표적인 인물이 마조, 관우, 유비 등이다. 이는 사실상 중국 남부를 중심으로 널리 퍼져 있던 유·불·도 삼교 융합 사원들의 특징이기도 하다. 그러나 이에 대한 명확한 역사적 근거는 없다.

  물랴나의 책도 2007년 금서에서 해제되어 재출판되었다.

즈파라 만팅안 모스크

그레식 수난 기리 무덤

chapter 4 정화 모스크와 이슬람 전파에 대한 담론

이상과 같은 일련의 연구를 바탕으로 정화가 동남아시아에서 이슬람을 전파했다는 담론이 인도네시아와 말레이시아에 다시 퍼지기 시작했다. 이를테면 인도네시아의 유명한 이슬람 지도자이자 학자인 부야 함카Buya Hamka와 레오 수르야디나타Leo Suryadinata는 정화가 동남아, 특히 인도네시아 이슬람 전파에 미친 영향력을 인정했다.[33]

 이를 종합해보면, 중국인 무슬림 영향설을 뒷받침하는 근거가 된 스마랑과 치르본 고문서는 그 가치에도 불구하고 정화와 화인 무슬림의 자바 이슬람 전파설을 뒷받침하는 객관적인 사료로 쓰이기에는 부족하다고 볼 수 있다. 자바에 중국풍 모스크가 존재한다는 사실도 명확한 근거가 될 수 없다. 정화 원정대가 인도네시아에 방문해서 실제로 이슬람교를 전파했는지는 추정에 불과할 뿐, 이를 실질적으로 뒷받침할 수 있는 확실한 고고학적·문헌적인 증거가 부족하다. 그런데도 화인무슬림협회는 왈리송오 담론을 여과 없이 수용하고 발전시켜서, 정화를 비롯한 중국인들이 자바의 이슬람화에 선구적·결정적 역할을 수행했고, 심지어 왈리송오 9명 모두가 중국인이었다고 확대 주장한다. 이것은 화인 무슬림이 이슬람교도로서의 정체성을 강력히 내세움으로써 인도네시아라는 국가 경계 속에서 스스로의 지위 상승을 꾀하려는 전략으로 여겨진다.

그러나 사료적인 근거는 객관적으로 부족하지만, 화인의 동남아시아 이슬람화에 대한 기여를 둘러싸고 벌어진 학계의 논란에서 15세기 자바의 이슬람화와 중국인 커뮤니티 사이에 어떤 연결고리가 분명 존재했다는 점은 간과되어서는 안 된다. 문제는 최근의 정화 이슬람 전파설을 주장하는 학자들이 이 연결고리를 지나치게 과장하고 확대함에 따라 오히려 그것이 역사적인 진실을 왜곡하는 것으로 간주되고 있다는 점일 것이다. 다음 장에서는 정화 모스크의 건축양식과 종교적 실행양상을 살펴서, 화인과 현지 사회의 동화라는 궁극적인 목표를 어떻게 반영하고 있는지를 살펴보도록 하겠다.

chapter
5

21세기 인도네시아의 정화 모스크

chapter 5 | 1

건립 배경과 건축양식

인도네시아의 개혁기에 정화 모스크가 건축되기 시작한 배경을 알려면 비단 인도네시아의 사회적 변동뿐 아니라 세계적인 변동도 함께 이해해야 한다. 지난 수십 년간 전 세계에서 집단의 정체성을 드러내는 새로운 사회운동이 목격되었고, 아프가니스탄 탈레반에서 볼 수 있듯이 종교적 극우주의나 민족주의 정서도 확대되었다. 특히 인도네시아에서 수하르토의 권위주의적 질서가 무너진 이후 정치적 공개성이 확장되면서, 종족·종교·문화집단들이 공적 영역에서 이전과는 비교할 수 없이 자신들의 정체성을 자유롭게 표현할 수 있는 장이 열렸다. 아체와 파푸아Papua의 분리

운동, 종족 문화의 복구, 종교적 부흥 등이 특징적인 변화라고 볼 수 있는데, 개혁개방으로 인해 '죽竹의 장막'이 무너진 중국인의 정체성도 이런 시점에서 계속해서 제고되고 강화되는 분위기다. '중국몽中國夢'이 지역적으로 나뉜 중국을 하나로 통합하려는 대표적인 슬로건이다. 또한 중국 본토의 세계적 영향력 확대, 냉전 이후 중국과 인도네시아의 관계 개선, 인도네시아의 민주화, 신질서 정권 이후 중국 문화를 인정하고 수용하는 분위기, 인도네시아 이슬람의 진보적이고 보수적인 다면적 성장과 더불어 이슬람 소비시장의 성장 등이 기존에는 전혀 화합할 수 없는 별개의 요소로 여겨지던 중국적인 것과 이슬람이 결합하도록 했다. 정화 모스크의 건축이라든가 화인 무슬림 울라마의 등장은 바로 이러한 대내외적인 사회 변동의 결과였다.

인도네시아 모스크의 대부분이 서아시아와 터키, 인도의 이슬람 건축양식을 따라 반원형 돔과 미나레트를 반드시 갖춘 전형적인 이슬람 종교 건축물 형태인 것과는 달리, 정화 모스크들은 기본적으로 도·불교 사원의 외형을 따르고 여러 측면에서 중국적인 시각 전통을 차용했다. 그러나 단지 중국적인 색이나 상징을 빌려오는 데 그치지 않고 현지의 전통 건축양식을 혼합하거나 융합함으로써 매우 독특한 독자적 이미지를 구축한 것으로 보인다. 실제로는 목조건물이 아님에도 중국 전통의 목조건물처럼 보이게끔 목조건물 특유의 지붕 형태를 취하고 붉은색과 초록색을 써서 단청처럼 칠했다. 원래 단청은 광물질 안료로 칠하는 것이지만 시멘트와 콘크리트로 지은 정화 모스크 처마에 값비싼 광물질 안료를 칠할 필요가 없으니 그냥 페인트로 색만 냈다. 반면 지붕에는 '알라'라는 단어가 아랍어로 적혀 있다. 특히 중앙은 파고다 형태이며, 옆에는 중국 궁궐이나 관청에서 볼 수 있는 것과 같은 사자 형상의 조각상이 발견된다. 관계자들의 말에 의하면 제1호 정화 모스크는 베이징에 있는 니우지에 Niu Jie(牛街) 모스크의 건축양식을 모방했다고 한다.

얼핏 보면 표면적으로 중국 사원처럼 보이는 이 모스크는 사실 화인들이 현지 무슬림과 화합하고 동화하려는 노력을 구현한 문화적 아이콘이다. 우선 쉽게 눈에 띄는 장치는 모스크 외부의 한쪽 벽에 그리거나 조각한 정화와 그의 함대이다. 사실 뛰어난 작품으로 보이지도 않고 미학적인 가치는 더더욱 별로 없지만, 정화와 그의 함대를 내보이려는 의도가 확실하게 드러난다. 누가 보아도 이 모스크가 중국계 무슬림 공동체와 현지인들을 향해 특별한 메시지를 제시하려 한 것을 명확히 보여준다. 이렇게 특이하게 지은 정화 모스크의 건축양식과 주위 벽면의 부조들은 신학적인 측면에서 볼 때 이슬람 교리에 전혀 맞지 않는다. 유일신 종교인 이슬람교는 알라 외에 다른 신은 섬기지 못하도록 되어 있고, 우상 숭배는 더더욱 강력하게 금지한다. 형상을 지닌 모든 것은 우상으로 간주되므로 성스러운 종교적 공간인 모스크에 사람이나 동물의 모습을 표현하는 것은 절대 금물이며, 대신 아랍 문자나 덩굴무늬 같은 식물 문양, 초승달 등의 모티프를 이용해 제한적인 방식으로 모스크를 장식하고 있다. 이런 점에서 볼 때 정화와 그의 함대 모습을 형상화한 중국식 모스크는 분명 이슬람 모스크의 전형에서 벗어난 매우 예외적인 공간이다.

수라비야 정화 모스크 외부 벽면에 부조로 묘사된 정화와 함대

수라바야 정화 모스크

수라바야 정화 모스크에는 여러 가지 숫자에 상징적 의미가 들어 있다. 양쪽 끝에 탑이 각각 5층으로 세워져 있는데, 이는 무슬림이 하루에 다섯 번 기도해야 하는 것을 상징하며, 탑의 높이가 17미터에 이르는 것은 무슬림이 쿠란을 암송하며 허리를 굽혀 기도하는 열일곱 번의 예배 라크아rak'ah를 의미한다. 중앙의 예배당 건물은 크기가 11×9미터로 되어 있고, 지붕은 특이하게도 팔각으로 덮여 있다. 여기서 숫자 11은 이슬람교도들이 일생에 한번은 꼭 가야 한다는 메카의 예배 성소인 카바의 길이(11미터)와 같고, 숫자 9는 자바에 이슬람을 들여온 왈리송오 9명을 의미한다. 또한 지붕의 8은 화인들이 좋아하는 행운의 숫자이며 팔각 형태는 정자나 누각, 천단 등의 중국 민간 건축물에서 종종 볼 수 있다. 그런 의미에서 원래 중국 건축과는 재료나 구성 방식이 전혀 다르지만 외관상으로라도 상당히 화인들의 문화적 전통을 고려하여 지은 것이라고 볼 수 있다.

건축 당시 화인무슬림협회는 인도네시아 최대의 두 이슬람 단체 나흐다툴 울라마와 무하마디야 관계자와 함께 모스크 디자인에 대해 논의하고, 일부 디자인 요소는 두 이슬람 단체의 것을 따른 것으로 알려졌다. 이 두 이슬람 단체는 온건하고 관용적인 이슬람을 표방하고 있고, 1998년 인종갈등이 폭력적인 양상으로 벌어졌을 당시에 화인들을 보호하려고 노력

했다. 이에 따라 화인무슬림협회는 이들 모스크의 이슬람적 상징을 차용해 말레이계와 화인 무슬림 간의 관계를 돈독히 하려고 한 것으로 보인다. 정화 모스크의 주요 색상 중 하나인 붉은색은 중국을 상징하지만 또 다른 주요색인 초록색은 나흐다툴 울라마를 상징한다. 모스크의 북쪽 천장에 달린 북인 베둑bedug 역시 나흐다툴 울라마가 무슬림을 부르는 데 사용하는 것을 설치했다. 또한 모스크 내 설교단 밈바르mimbar는 무하마디야에서 사용하는 것을 차용했다. 정화라는 중국인과 모스크라는 이슬람교 예배당의 전혀 어울리지 않는 이질적인 조합만큼이나 정화 모스크의 외형 역시 복합적이고 중층적인 상징으로 가득하다.

하지만 지역별로 정화 모스크의 건축양식은 조금씩 다른 양상을 보인다. 팔렘방에 건립된 정화 모스크Mosque Al Islam Muhammad Cheng Hoo는 2008년에 완공되었는데, 베이징 사원의 모양을 본떠서 세운 것이 아니라 범이슬람적 건축물 외양에 팔렘방의 고유한 문화적 요소를 접목하고 있다. 정화가 팔렘방에 실제 방문했던 것은 『명사』를 비롯하여 중국의 여러 사료에 등장한다. 그러므로 팔렘방의 경우에는 정화를 둘러싼 신화가 전설에 그치지 않고 어느 정도 신빙성이 있다고 하겠다. 팔렘방 정화 모스크에는 사원 정면 양끝으로 두 개의 중국식 탑이 세워졌고, 주 예배당 건물은 아랍식 모스크에 가까운

팔렘방 정화 모스크

chapter 5　21세기의 정화 모스크

외형을 지니고 있다. 건물의 외관은 초록과 빨강으로 칠했고 범이슬람적인 건축형태를 따랐다. 서아시아나 인도 모스크처럼 돔 꼭대기에 초승달과 별 모양 표식이 있는가 하면 중국 파고다 형상을 한 두 개의 미나레트가 양옆에 있다. 미나레트는 17미터 높이의 5층짜리 건축물인데, 이 숫자는 각각 무슬림들이 매일 바쳐야 하는 다섯 차례의 기도, 열일곱 번의 라크아를 상징한다. 미나레트는 숫양의 뿔 모양인데, 이것은 팔렘방의 전통 이슬람 건축양식을 따른 것이다. 건축양식에서 아랍식이 보다 강하게 나타나는 지방의 정화 모스크들은 해당 지역의 이슬람 전통이 다른 지역보다 강하다거나, 토착인 무슬림과의 관계에 있어 조금 더 조심스러운 태도를 취해야 하기 때문으로 여겨진다. 팔렘방의 정화 모스크는 현지의 다른 이슬람 기구들뿐만 아니라 불교 기구 '추치Tsu Chi' 등과 협력해 홍수피해자 구호와 같은 적극적인 사회봉사에 나서고 있기도 하다.

2 | chapter 5

실행양상
— 혼합과 융합을 통한 동화

현지에서 운영하는 정화 모스크의 종교적 실행양상에도 의도적인 융합성은 강하게 반영되어 있다. 정화 모스크는 화인 무슬림만을 위한 사원이 아니고 인도네시아 토착 무슬림도 함께하는 종교적 공간이다. 현지인들은 중국풍 목조건물을 연상하게 하는 외관에 구애받지 않으며, 무슬림이 함께 기도할 수 있는 공용 기도소라는 점을 반가워한다. 필자들이 방문했을 때는 화인보다 현지인 무슬림의 숫자가 훨씬 많았다. 모스크에서도 화인과 현지인에 대해 어떠한 차별도 두지 않고 있었다. 예배뿐만 아니라 운영위원회에도 현지인들이 참여한다. 정화 모스크 건립을 위해 살림

Salim, 마스피온Maspion, 구당가람Gudang Garam 등의 비무슬림계 화인 재벌기업들이 수억 원씩 기부했다는 사실 역시 널리 알려져 있다.

모스크에서 주관하고 개최하는 다양한 종교 프로그램은 현지 사회의 원활한 운영에 반드시 필요한 윤리와 사회구성원의 융합을 도모하는 내용을 교육한다는 점에서도 화인 무슬림의 현지 동화와 협력이라는 목표를 명확히 드러낸다. 정화 모스크가 세워진 도시가 비무슬림 화인들이 많이 거주하는 대도시이기도 하지만 화인무슬림협회 관계자들은 수시로 비무슬림 화인들과 어울려 그들과 친밀한 교류를 맺고 이로써 종교적 화합을 끌어낸다. 타종교를 존중하려는 차원에서, 정화 모스크는 일반 모스크들처럼 확성기를 통해 새벽 예배 Subuh를 알리는 외침인 아잔azan을 내보내지 않는다.

정화 모스크에서 실행하는 프로그램들은 모두 인종 간 화합이라는 메시지를 담고 있다. 정화 모스크 관계자들은 무하마디야와 나흐다툴 울라마 소속 울라마들을 금요 예배에 초청해 설교를 부탁하기도 한다. 2007년 2월에 수라바야 정화 모스크는 알 이르샤드Al-Irsyad라는 현지 이슬람 단체와 협력하여 가난한 무슬림을 위한 할례 의례인 키타난khitanan을 열었는데, 화인이건 현지인이건 가리지 않고 모두 수혜 대상으로 삼았다. 또 모스크에서는 중국어를 가르치고 유아원을 운영하는 등 교육 프로그램을 주민들에게 제공한다. 유아원에서는 아랍어, 영어, 중국어, 인도네시아어 등을 가르친다. 모스크에서 제공하는 음식은 할랄 처리된 중국 음식과 현지 음식을 의도적으로 혼합해 제공하고 있으며, 공연이 있을 때면 중국식 공연과 자바식, 혹은 기타 현지 춤을 혼합한다. 설교는 자바어가 섞인 인도네시아로 하거나, 기도를 한 언어로 하면 다른 언어로 반드시 통역해주는 등 언어 사용 면에서도 각별한 신경을 쓰고 있다. 서로 다른 언어에 익숙한 다른 인종들이 누구도 소외감을 느끼지 않도록 종교적으로 배려하는 것이다. 그 밖에 배드민턴과 농구 코트 대여, 중국어학당, 기체조 교실 등을 현지 주민에게 제공하고 있기도 하다.

또 한 가지 화인무슬림협회에서 실시해온 사업은 중국 본토 무슬림과의 직접적인 교류 사업이다. 무하마드 정화 재단은 초국가적 화인 무슬림 연계 구축을 시도해왔다. 이들은 중국의 회족 무슬림을 방문해서 교류를 쌓는데, 이것은 국경을 넘어 중국 무슬림과의 연대를 통해 지위 상승을 꾀하는 전략이라고 분석된다. 사실 현재의 화인들은 중국의 회족 무슬림과는 다른 사람들이다. 19세기에 바다를 건너 인도네시아로 온 이주자들은 주로 한족이기 때문에 종족적으로 아예 다르다. 그럼에도 정화 모스크를 세운 사람들은 정화의 동포인 회족 무슬림과 근현대의 한족을 연결하고 있다. 그렇게 함으로써 중국의 이슬람이 역사적으로 인도네시아 이슬람보다 오래되고 정통성이 있다는 근거로 제시하는 것이다. 화인 무슬림과 회족의 연결은 이슬람이라는 종교를 통한 일종의 '상상된 연결imagined linkage'인 셈이다. 재미있는 것은 막상 시안성西安城의 회족 무슬림들은 모스크를 지을 때 인도네시아 화인과 달리 아랍 모스크 양식을 따른다는 점이다.

비슷한 전략의 일환으로 2008년에 화인무슬림협회는 수라바야화인회관Surabaya Chinese Association의 후원을 받아 나흐다툴 울라마와 무하마디야 지도자들을 데리고 종교적 결속을 강화하기 위해 중국의 무슬림 커뮤니티를 방문하기도 했다. 당시 이들은 정화가 거주하던 광둥의 훼이솅 모스크Huai Sheng Mosque(懷聖寺)와 제1호 정화 모스크가 디자인을 차용한 베이징의 니우지에 모스크 등을 방문했다. 당시 화인무슬림협회측 담당자였던 밤방 수얀토Bambang Sujanto는 그 목적에 대해 다음과 같이 설명했다:

> 중국에서 무슬림의 삶을 관찰함으로써, [인도네시아의] 종교 지도자들이 이슬람이 이미 오래전부터 중국에 존재해왔으며, 이슬람적 실천이 현대에도 살아 있음을 알게 될 것이다. 우리는 그들이 이러한 정보를 종교 수업이나 대화를 통해 다른 무슬림과 공유하기를 바란다. 이것은 현지 무슬림이 화인에 대

해 인식을 바꾸도록 하는 데 도움을 줄 것이다. 우리가 [현지인들의 믿음처럼] 모두 무신론자인 것은 아니며 또한 단순히 '경제 동물'인 것도 아니다.[34]

같은 해에 베이징과 윈난성 무슬림 지도자들은 수라바야에서 열린 콘퍼런스에 초청을 받아 참가했는데, 이 콘퍼런스의 제목은 '정화, 왈리송오, 그리고 인도네시아의 화인 무슬림들: 과거, 현재, 미래 Cheng Ho, Walisongo, dan Muslim Tionghoa Indonesia di Masa Lalu, Kini dan Esok'였다. 기조연설자는 제4대 대통령이자 나흐다툴 울라마 의장을 역임했던 무슬림 리더, 압두라흐만 와히드였다. 이 콘퍼런스에서는 화인들이 인도네시아의 이슬람 전파에 기여한 바를 강조하기보다는 '참여'했다는 식의 논의가 주를 이루었다. 여기서 와히드는 자신의 혈통이 중국인 혼혈임을 밝히는 다음과 같은 발언을 했다.

[왈리송오에 속하는] 수난 암펠, 수난 드라자드 Sunan Drajad, 수난 무리아 Sunan Muria, 수난 보낭은 중국인 무슬림들이었다. 나 자신도 중국인 무슬림에 해당한다. 우리 중국인 무슬림은 중국인이라 불리는 것을 수치스럽게 여기지 말아야 한다. 왜냐면 우리 조상들이 자바와 수마트라에 이슬람을 전파했기 때문이다.[35]

이 세미나에 참석한 화인들은 수하르토 시절 이래 계속 소외되고 배제된, 현대사회에서 주변화된 소수자가 아니라, 화인과 인도네시아 무슬림을 매개하는 중간자 입장을 구축함으로써 화인들의 지위 향상을 꾀했다. 콘퍼런스에 참여한 한 화인 무슬림 리더는 화인과 아랍계 인도네시아인을 다음과 같이 비교했다.

> 아랍인들도 역시 외국인이며 부유하고 배타적이다. 그러나 현지인들은 그들에게 [화인에 대한 것과 같은] 편견이 있지 않다. 이것은 아랍계 사람들이 인도네시아의 이슬람 전파에 중요한 역할을 했다는 주장 때문이다. 이러한 점을 고려할 때, 화인 무슬림 역시 종족적 유산을 살려서, 자신들 역시 이슬람화 과정에서 기여했다고 현지인들에게 이야기해야 한다. 우리는 정화의 기여를 강조해야 한다. 또한 왈리송오의 일부에 중국인의 피가 흐르고 있었음도 강조해야 한다. 우리는 그들에게, 이슬람이 인도네시아보다 중국에 먼저 도착했음을 알려야 한다. [인도네시아] 이슬람화에 있어서 중국인의 기여를 선전함으로써 현지인들은 화인들[비무슬림 화인 포함]에 대한 인식을 개선하게 될 것이다.[36]

이런 양상에서 보이듯, 화인 무슬림은 인도네시아라는 국가 경계 내에서만이 아니라 중국과의 초국가적 연계 속에서 자신들의 지위를 높이고 강화하는 전략을 구사하고 있는 것이다.

맺는말

과거와 현재, 역사와 종교의 융합으로서 정화 모스크

정화는 영락제의 명을 받아 남해 원정을 떠난 역사상의 인물이다. 그의 행적이 명확하게 그리고 상세하게 중국 사서에 기록되어 있지는 않으나, 일곱 차례에 걸쳐 대함대를 이끌고 인도양을 건넜던 것은 분명한 역사적 사실이다. 마환의 『영애승람』에 나오는 내용을 바탕으로 그의 항해를 재구성하면 그는 참파와 인도네시아, 말레이시아를 거쳐 서아시아까지 갔으며 그의 함대 중 일부는 아프리카 동해안 모가디슈까지 갔다. 그들은 들르는 항구마다 현지 왕국의 조공 약속을 받고 영락제가 원하는 물품을 받았고 때로는 왕과 왕실 가족, 혹은 사신을 데리고 명으로 돌아가기도 했다. 영락제는 정화와 그의 함대의 활동에 흡족해했지만, 영락제 사후 비용이 많이 들고 실속이 없다는 이유로 더 이상 명은 함대를 내보내지 않았다. 오히려 해금령을 내려 바다로의 진출입을 막아버렸다. 중국에서 정화는 영락제의 명을 충실히 따른 환관이다. 딱 거기까지다.

 하지만 동남아시아, 특히 정화가 중간 거점으로 삼았던 믈라카와 인도네시아 곳곳에서 그는 신화적인 존재로 남았다. 수라바야는 물론이고 스마랑, 자카르타 등 여러 곳에 정화와 관련이 있는 전설이 생겼고, 그가 남겼다는 유물이 모셔지기도 했다. 그가 다녀간 지 오랜 시간이 흐른 뒤에도 신화와 전설은 계속 명맥을 유지했고, 사당이 건설되기도 했다. 남부 중국의 사원과 비슷한 외형을 갖춘 사당들은 기본적으로 유·불·도 삼교가 융합된 중국식 사당이기도 하지만 특이하게도 정화상을 모셨다. 사원의 이름부터 정화의 아명인 삼보를 써서 지은 삼보묘도 있고, 쳉훈텡처럼 '이름에는 바로 드러나지 않지만 정화 사당으로 알려진 곳도 있다. 현지에서 정화는 이미 오랫동안 신격화되어 있었다. 중국식으로는 위인 공자를 모시든, 소설 속의 주인공 장비를 모시든, 혹은 중국 남부 해안 지방에서 인기가 있었던 마조 여신을 더해 이들을 모두 한곳에서 섬기든 이상한 일이 아니었다. 그러므로 중국인 공동체에서 정화를 여기에 더한다고 해도 전통 신앙이 특별히 달라지는 것도 아니다. 신격화됨으로써 동남아 각지에서 정화는 중국인들의 정신적인 지주이자 커뮤니티의 구심점 역할을 했다. 고향을 떠나온 무수한 중국인들에게 위안이 되었으리라는 점은 미루어 짐작하기 어렵지 않다. 정화가 실제 무슬림이었는지, 그가 어떤 종교를 가졌는지는 중요하지 않았다.

그런데 시대가 변하고 상황이 바뀌었다. 삼교가 융합된 중국식 사원에서 전통적 방식으로 섬기던 정화를 이슬람에서 소환하기 시작한 것이다. 최근 인도네시아에서 건립되고 있는 정화 모스크는 화인 무슬림이 과거에 있었던 탄압의 역사에서 벗어나기 위해 새로운 개혁공간에서 추구하는 동화 전략으로 이해된다. 무슬림 성인으로서 정화의 소환은 현대사에서 인도네시아 화인들이 겪은 사회 변동에서 원인을 찾을 수 있다. 1965년 공산당 소요사태, 그리고 1998년 수하르토 하야 과정에서 많은 화인이 국가적·사회적 폭력의 희생자가 되었다. 이후 화인들은 기존의 '통합' 정책이 아닌 '동화'를 모색하기 시작했고, 정화 모스크는 그 전략의 일환인 셈이다.

정화 모스크는 화인들로 하여금 토착화와 사회적 동화라는 매개를 통해 정체성을 보다 적극적으로 재협상할 수 있게 해주는 방안이다. 정화 모스크는 관용적이고 다문화적인 이슬람을 상징하며, 인종을 넘어서 무슬림 간의 상생을 도모하는 수단이다. 또한 중국 내 무슬림과의 연계를 통해 인도네시아 내 화인들의 사회적 지위를 재정의하고자 하는 욕구도 반영되어 있다.

중국식 목조건물을 모방한 정화 모스크는 이전에 이미 그를 기리는 유·불·도 혼합 형태의 사원이 오랜 기간 존속하는 가운데 세워진 다른 종교의 공간이라는 점에서 흥미를 끈다. 앞에서 살펴보았듯이 수라바야 등 동부 자바의 몇몇 도시에서는 이미 수백 년 전부터 정화를 신처럼 모시는 도교 사원 클렌텡이 지역 화인들의 구심점 역할을 했다. 클렌텡에서 정화는 무슬림을 대표하는 인물이 아니라 중국을 대표하는 인물로, 고향인 중국을 떠나 이국에서 사는 화인들의 정신적 지주이자 수호신 역할을 해왔다. 그런 의미에서 정화라는 표상은 어느 하나의 종교와만 관련되는 것이 아니라 중국 전통을 지닌 여러 종교의 구심점으로 작용했다. 그러나 서로 다른 종교에서 기리는 정화에 대한 기억과 이미지, 의미는 상이할 수밖에 없다. 21세기에 정화는 다원주의, 종족적 하이브리드, 이주 역사의 새로운 구심점이자 키워드로 새롭게 등장했다.

주

1. 『明史』「列傳」第一百九十二.
2. Hsu Yun-Ts'iao, "Notes Relating to Admiral Cheng Ho's Expeditions", *Journal of the Malaysian Branch of the Royal Asiatic Society*, 49(1)(229)(1976), p. 134.
3. 마환, 비신, 공진의 기록을 살펴보면 정화 원정대는 동남아시아에서 베트남의 여러 지방, 말레이시아의 믈라카와 랑카수카, 페락 등지, 인도네시아의 자바, 스리위자야(팔렘방), 수마트라, 티모르섬, 칼리만탄, 그리고 태국 등을 방문했다
4. 미야자키 마사카쓰, 『정화의 남해 대원정』, 이규조 옮김(일빛출판사, 1999).
5. 판진민, 「정화 하서양과 남양화교」, 『중국의 대항해자, 정화의 배와 항해』(심산, 2005).
6. Hong Lysa & Huang Jianli, "Portable Histories in Mobile City Singapore: The (lack) Lustre of Admiral Zheng He", *South East Asia Research*, 17(2)(2009), p. 294.
7. Geoff Wade, *Southeast Asia in the Ming Shi-lu* (An Open Access Resource)(Singapore: Asia Research Institute and the Singapore E-Press, National University of Singapore, 2005); 마환, 『영애승람』, 홍상훈 옮김, 미출판 번역본, 42쪽.
8. Edward L. Dreyer, *Zheng He: China and the Oceans in the Early Ming Dynasty, 1405–1433* (New York: Pearson Longman, 2007), p. 66.
9. Jan Julius Lodewijk, "The True Dates of the Chinese Maritime Expeditions in the Early

Fifteenth Century", *T'oung Pao*, 34(5)(1939), p. 369.
10. https://web.archive.org/web/20080802010809/http://cf.hum.uva.nl/galle/galle/trilingual.html. (검색일 2020. 05. 09)
11. 마환, 『영애승람』 참조.
12. 마야자키 마사카쓰, 『정화의 남해 대원정』, 이규조 옮김(일빛출판사, 1999).
13. Gustavo Benavides & Michael Stausberg, *Religion and Reason*(Berlin/ Boston: Walter de Gruyter, 2013), p. 290.
14. Leo Suryadinata(ed.), *Laksamana Cheng Ho dan Asia Tenggara*(Jakarta: Pustaka LP3ES, 2007).
15. BPS, *Statistik Indonesia 2000*.
16. World Population Review 2019.
17. 신윤환, 『인도네시아의 정치경제: 수하르또 시대의 국가, 자본, 노동』(서울대학교 출판부, 2001).
18. 이후 유도요노 대통령 집권기인 2006년에 유교는 공식종교 지위를 재획득했다.
19. Hew Wai Weng, "Beyond 'Chinese Diaspora' and 'Islamic Ummah': Various Transnational Connections and Local Negotiations of Chinese Muslim Identities in Indonesia", *Sojourn: Journal of Social Issues in Southeast Asia*, 29(3)(2014), p. 641.
20. 투안쿠 라오는 수마트라의 바탁 출신으로, 이슬람 개혁운동이자 반네덜란드 항쟁인 파드리 운동을 이끈 주역 중 한 명이다.
21. Mangaradja Onggang Parlindungan, *Tuanku Rao*(Jakarta: Tandjung Pengharapan, 1964).
22. Leo Suryadinana(ed.), *Laksamana Cheng Ho dan Asia Tenggara*(Jakarta: Pustaka LP3ES, 2007) ; Leo Suryadinata(ed.), *Southeast Asian Personalities of Chinese Descent: A Biographical Dictionary*, Vol. I(2Vols)(Singapore: Institute of Southeast Asian Studies, 2012).
23. Hermanus Johannes de Graaf & Theodore G. Th. Pigeaud, *Chinese Muslims in Java in the 15th and 16th Centuries*, Monash Papers on Southeast Asia no. 12(Monash University, Melbourne, 1984) 참조.
24. Geoff Wade, "The Zheng He Voyages: A Reassessment", *Journal of the Malaysian Branch of the Royal Asiatic Society*, 78(1)(2005), pp. 37-58 ; Geoff Wade(trans.), *Southeast Asia in the Ming Shi-lu* (An Open Access Resource)(Singapore: Asia Research Institute and

the Singapore E-Press, National University of Singapore, 2005). http://epress.nus.edu.sg/msl/person/zheng-he(검색일 2020. 5. 20).

25. Alexander Wain, "The Two Kronik Tionghua of Semarang and Cirebon: A Note on Provenance and Reliability", *Journal of Southeast Asian Studies*, 48(2)(2017), pp. 179-195.

26. 인도네시아 화인을 연구한 신윤환도 네덜란드의 다양한 사료를 근거로 동인도회사 시기의 군도에서 화인들의 이슬람화가 진행되었고, 이후 식민통치기에도 이런 경향이 지속되었다고 보았다. 그러나 19세기 중반 이후에는 화인들의 이슬람화와 페라나칸화가 지연되었고, 중국적 정체성을 유지하려는 '재중국화' 경향이 나타나고 있음을 설명하고 있다. 신윤환, 『인도네시아의 정치경제: 수하르또 시대의 국가, 자본, 노동』(서울대학교 출판부, 2001), 85쪽.

27. Slamet Muljana, *Runtuhnja Keradjaan Hindu Djawa and Timbulnja Negara-Negara Islam di Nusantara*(Jakarta: Bharatara, 1968) reprinted, *Runtuhnja Keradjaan Hindu-Jawa dan Timbulnya Negara-Negara Islam di Nusantara*, A. W. Adam(intro.) (Yogyakarta: LKIS, 2005).

28. Slamet Muljana, *A Story of Majapahit*(Singapore: Singapore University Press, 1976).

29. Hermanus Johannes de Graaf & Theodore G. Th. Pigeaud, *Chinese Muslims in Java in the 15th and 16th Centuries*, Monash Papers on Southeast Asia no. 12(Monash University, Melbourne, 1984).

30. Dennys Lombard & Claudine Salmon, "Islam and Chineseness", *Indonesia*, (57)(1993), pp. 115-131.

31. Sumanto Al Qurtuby, *Arus Cina-Islam-Jawa: Bongkar Sejarah atas Peranan Tionghoa dalam Penyebaran Agama Islam di Nusantara Abad XV & XVI*(Yogyakarta and Jakarta: Inspeal Ahimsya Karya and Perhimpunan INTI, 2003) ; Sumanto Al Qurtuby, "The Tao of Islam: Cheng Ho and the Legacy of Chinese Muslims in Pre-Modern Java", *Studia Islamika*, 16(1)(2009), pp. 51-77 ; Sumanto Al Qurtuby, "The Imprint of Zheng He and Chinese Muslims in Indonesia's Past", Chia Lin Sien & Sally K. Church(eds.), *Zheng He and the Afro-Asian World*(Melaka Museums Corporation (PERZIM) and International Zheng He Society, 2012), pp. 171-186 ; Tan Ta Sen, "The Impact of Zheng He's Expeditions on Indian Ocean Interactions", *Bulletin of the School of Oriental and African Studies*, 79(3)(2016), pp. 609-636 ; Tan Ta Sen, *Cheng Ho and Islam in Southeast*

Asia(Institute of Southeast Asian Studies, 2009).

32. Sumanto Al Qurtuby, "The Imprint of Zheng He and Chinese Muslims in Indonesia's Past", Chia Lin Sien & Sally K. Church(eds.), *Zheng He and the Afro-Asian World*(Melaka Museums Corporation and International Zheng He Society, 2012).

33. Leo Suryadinana(ed.), *Laksamana Cheng Ho dan Asia Tenggara*(Jakarta: Pustaka LP3ES, 2007) ; Leo Suryadinata(ed.), *Southeast Asian Personalities of Chinese Descent: A Biographical Dictionary*, vol. I(2vols)(Singapore: Institute of Southeast Asian Studies, 2012).

34. Hew Wai Weng, "Beyond 'Chinese Diaspora' and 'Islamic Ummah': Various Transnational Connections and Local Negotiations of Chinese Muslim Identities in Indonesia", *Sojourn: Journal of Social Issues in Southeast Asia*, 29(3)(2014), p. 632.

35. The Surabaya Seminar Report, *Cheng Ho dan Walisongo dalam Sejarah Bangsa Diseminarkan Komunitas*, (40)(April 2008).

36. Hew Wai Weng, "Beyond 'Chinese Diaspora' and 'Islamic Ummah': Various Transnational Connections and Local Negotiations of Chinese Muslim Identities in Indonesia", *Sojourn: Journal of Social Issues in Southeast Asia*, 29(3)(2014). pp. 627~656.

참고문헌

김수연, 「정화와 중국의 제국의식」, 『중국학보』, 77(2016), 241~262쪽.
마환, 『영애승람』, 홍상훈 옮김, 미출판 번역본.
미야자키 마사카쓰, 『정화의 남해 대원정』, 이규조 옮김(일빛, 1999).
미야자키 마사카쓰, 『바다의 세계사』, 이수열·이명권·현재열 옮김(선인, 2017).
신웬어우 외, 『중국의 대항해자 정화의 배와 항해』, 허일·김성준·최운봉 편역(심산, 2005).
신윤환, 『인도네시아의 정치경제: 수하르또 시대의 국가, 자본, 노동』(서울대학교 출판부, 2001).
오모토 케이이치 외, 『바다의 아시아1: 바다의 패러다임』, 김정환 옮김(다리미디어, 2003).
우에스기 치토시, 『1421 세계 최초의 항해가 정화』, 임진호 옮김(이치, 2007).
이철호, 「동아시아 국제관계의 공간적 변용과 해양아시아」, 『동아연구』, 53(서강대학교 동아연구소, 2008).
정유선, 「15세기 초 명 제국의 '세계' 인식과 재현」, 『중국문학연구』, 72(2018), 71~101쪽.
조봉래, 「중국공산당의 동남아화교에 대한 정책의 변화와 그 사상적 배경」, 『중국학논총』, 55(한국중국문화학회, 2017)
조원일·김종규, 「고대중국적해권발전지연구」, 『중국인문과학』, 30(중국인문학회, 2005).

조흥국,『한국과 동남아시아의 교류사』(소나무, 2009).
주경철,『대항해시대: 해상 팽창과 근대 세계의 형성』(서울대학교 출판부, 2008).
판진민,「정화 하서양과 남양화교」,『중국의 대항해자, 정화의 배와 항해』(심산, 2005).
하마시타 다케시,「세계화 속의 동아시아 지정 문화: 동아시아 해역문화연구의 과제」, 『동아시아 경제문화 네트워크』(한림대학교 아시아문화연구소, 2007).
홍석준,「동아시아의 해양세계와 항구도시의 역사와 문화」,『도서문화』, 제29집(목포대학교 도서문화연구원, 2007).
홍석준,「동아시아의 해양세계와 '鄭和(Zheng He, Cheong Ho)의 남해 대원정'의 문화적 의미—현대 말레이시아에서의 말레이시아-중국 교류 문제와의 관련성을 중심으로」,『도서문화』, 제34집(목포대학교 도서문화연구원, 2009).
홍석준,「멀라까Melaka를 통해 본 동아시아 해양 세계의 문화적 특징과 의미」,『도서문화』, 제39집(목포대학교 도서문화연구원, 2012).

孔遠志,「鄭和與印度尼西亞」,『鄭和研究論文集』, 第1輯(大連: 大連海運學院出版社, 1993).
宮崎正勝,『鄭和の南海大遠征: 永樂帝の世界秩序再編』(東京: 中央公論社, 1997).
盧葦,「論鄭和下西洋與東西方交往及東南亞地區的繁榮穩定」,『鄭和研究論文集』, 第1輯(大連: 大連海運學院出版社, 1993).
范金民,「鄭和下西洋與南洋華僑」,『鄭和研究論文集』, 第1輯(大連: 大連海運學院出版社, 1993),
汪王明,「鄭和出使東南亞地域史再思考」,『鄭和研究』, 2004年 第2期(南京: 江蘇城鄭和研究會·太倉市鄭和研究會, 2004).
朱亞非·齊廉允,「論鄭和的外交成就」,『鄭和與海洋』(北京: 中國農業出版社, 1999).

Al Qurtubi, Sumanto. *Arus Cina-Islam-Jawa*[중국-이슬람-자바의 교류](Yogyakarta and Jakarta: Inspeal Ahimsya Karya and Perhimpunan INTI, 2003).
Al Qurtubi, Sumanto. "The Tao of Islam: Cheng Ho and the Legacy of Chinese Muslims in Pre-Modern Java", *Studia Islamika*, 16(1)(2009).
Al Qurtubi, Sumanto."The Imprint of Zheng He and Chinese Muslims in Indonesia's Past", *Zheng He and the Afro-Asian World*(Melaka Museums Corporation and International Zheng He Society, 2012), pp. 171-186.
Ashadi, *Kontroversi Walisongo. Tanggapan Kritis atas Tulisan Mangaradja Onggang Parlinduangan: Tuanku Rao Melalui Bukti-bukti Arsitektural*[왈리송오 논쟁. 망아라

자 옹강 파르린둥안의 글에 대한 비판적 견해: 건축양식 증명을 통한 투안쿠 라오](Jakarta: Arsitektur UMJ press, 2017).

BPS(Badan Pusat Statistik), *Statisktik Indonesia 2000*[2000년 인도네시아 통계조사 자료] (Jakarta: Badan Pusat Statistik, 2000).

Benavides, Gustavo, Michael Stausberg, *Religion and Reason*(Berlin & Boston: Walter de Gruyter, 2013).

Brown, Charles Cuthbert & R. Roolvink, *Sejarah Melayu or Malay Annals*[말레이 연대기]] (Oxford: Oxford University Press, 1970).

De Graaf, Hermanus Johannes & Theodore G. Th. Pigeaud, *Chinese Muslims in Java in the 15th and 16th Centuries*, Monash Papers on Southeast Asia no. 12(Monash University, Melbourne, 1984).

De Graaf, Hermanus Johannes, *De Regering van Panembahan Senapati Ingalaga*[파넴바한 세나파티 잉아라가의 통치] Verhandeling van het Koninklijk Instituut voor Taal-, Land-, en Volkenkunde[Monograph of the Royal Institute for Linguistics, Geography, and Ethnogrphy], VKI 13(The Hague: Martinus Nijhoff, 1954).

Dickson, Anne Louise, "Da'wah to Non-Muslims in Indonesian Civil Society: Case Studies from East Java"(The Honours Thesis, University of Sydney, 2008).

Edward L. Dreyer, *Zheng He: China and the Oceans in the Early Ming Dynasty, 1405–1433*(New York: Pearson Longman, 2007).

Finlay, Robert, "The Voyages of Zheng He: Ideology, State Power, and Maritime Trade in Ming China", *Journal of the Historical Society*, 8(3)(2008), pp. 327-347.

Freedman, Amy. L, *Political Participation and Ethnic Minorities: Chinese Overseas in Malaysia, Indonesia, and the United States*(New York & London: Routledge, 2002).

Hamza, Ahmad(ed.), *The Straits of Malacca: International Cooperation in Trade, Funding and Navigational Safety*(Petaling Jaya: Pelanduk Publications, 1997).

Heryanto, Ariel, "Ethnic Identities and Erasure: Chinese Indonesians in Public culture", William Case(ed.), *Southeast Asian Identities; Culture and the Politics of Representation in Indonesia, Malaysia, Singapore, and Thailand*(Institute of Southeast Asian Studies, 1998), pp. 95-114.

Hew, Wai Weng, "The Hybrid Performance of Chinese Muslim Preachers", Siew-Min Sai & Chang-yau Hoon(eds.), *Chinese Indonesians Reassessed: History, Religion and Belonging*(Oxford and New York: Routledge, 2013).

Hew, Wai Weng, "Negotiating Ethnicity and Religiosity: Chinese Muslim Identities in Post-

New Order Indonesia"(Unpublished PhD. Thesis. Australian National University, 2011).

Hew, Wai Weng, *Translocal and Cosmopolitan Islam: Chinese-style Mosques in Indonesia and Malaysia*(London: University of Oxford, 2012).

Hew, Wai Weng, "Beyond 'Chinese Diaspora' and 'Islamic Ummah': Various Transnational Connections and Local Negotiations of Chinese Muslim Identities in Indonesia", *Sojourn: Journal of Social Issues in Southeast Asia*, 29(3)(2014). pp. 627-656.

Hong, Lysa & Huang Jianli, "Portable Histories in Mobile City Singapore: The (Lack) Lustre of Admiral Zheng He", *South East Asia Research*, 17(2)(2009), pp. 287-309.

Hsu, Yun-Ts'iao, "Notes Relating to Admiral Cheng Ho's Expeditions", *Journal of the Malaysian Branch of the Royal Asiatic Society*, 49(1)(229)(1976), pp. 134-140.

Ma, Huan & Chengjun Feng, *Ying-yai Sheng-lan: The Overall Survey of the Ocean's Shores, 1433*(Cambridge: CUP Archive, 1970).

Indah Rahmawati & Septafian Adhe & Savitri Kusuma & Lucky Murdiyono, *Kajian Makna Budaya dalam Arsitektur: Masjid Cheng Hoo Surabaya*[스마랑 건축에 있어 문화적 의미 분석: 수라바야의 정화 모스크](Thesis, Universitas Pembangunan Nasional Veteran, Jawa Timur, 2011).

Jacobsen, Michael, "Islam and Processes of Minorisation among Ethnic Chinese in Indonesia: Oscillating between Faith and Political Economic Expediency", *Asian Ethnicity*, 6(2) (2005), pp. 71-87.

Julianto, Edi Nurwahyu, "Spirit Pluralisme dalam Klenteng Sam Po Kong Semarang[스마랑 삼푸콩 사원의 종교 다원주의]", *Jurnal The Messenger*, 7(2)(2015), pp. 36-41.

Keong, Voon Phin, "Zheng He in the Collective Memory of the Chinese Community in Malaysia", *Journal of Malaysian Chinese Studies*, (8)(2005).

Kong, Yuanzhi, "On the Relationship between Cheng Ho and Islam in Southeast Asia", *Kyoto Review of Southeast Asia*, (10)(2008).

Kumar, Ann L., "Islam, the Chinese, and Indonesian Historiography—A Review Article", *The Journal of Asian Studies*, 46(3)(1987), pp. 603-616.

Lee, Kam Hing, "Admiral Zheng He and Contemporary Malaysia", *Journal of Malaysian Chinese Studies*, (8)(2005).

Lee, Kam Hing & Tan Chee-Beng, *The Chinese in Malaysia. South-East Asian Social Science Monographs*(New York: Oxford University Press, 2003).

Li Jinming, "Zheng He's Expeditions and Good Neighbourly Policy in the Early Ming Dynasty", *Journal of Malaysian Chinese Studies*, (8)(2005).

Lim, Tai Wei, "The Cheng Ho (Zheng He) Cultural Museum in Malacca (Melaka): Its Historical Importance and Contemporary Symbolisms", *Asian Journal of Comparative Politics*, 3(3)(2018), pp. 232-245.

Lombard, Dennys & Claudine Salmon, "Islam and Chineseness", *Indonesia*, (57)(1993), pp. 115-131.

Mahfud, Choirul, "The Role of Cheng Ho Mosque: The New Silk Road, Indonesia-China Relations in Islamic Cultural Identity", *Journal of Indonesian Islam*, 8(1)(2014), pp. 23-38.

Marrison, Geoffrey E., "The Coming of Islam to the East Indies", *Journal of the Malayan Branch of the Royal Asiatic Society*, 24(154)(1951), pp. 28-37.

Ming Shilu[明實錄] *Veritable Records of the Ming dynasty*(Taipei: Zhongyuan yanjiu yuan lishi yuyan yangkiusuo, 1966).

Muljana, Slamet, *Runtuhnja Keradjaan Hindu Djawa dan Timbulnja Negara-Negara Islam di Nusantara*[군도의 힌두-자바 왕국 붕괴와 이슬람 국가들의 출현](Jakarta: Bharatara, 1968) Reprinted *Runtuhnua Kerajaan Hindu-Jawa dan Timbulnya Negara-Negara Islam di Nusantara*(with introduction by A. W. Adam)(Yogyakarta: LKIS, 2005).

Muljana, Slamet, *A Story of Majapahit*(Singapore: Singapore University Press, 1976).

Muzakki, Akh, "Negotiating Identity: The Cheng Hoo Mosque and Ethnic Chinese Muslims in Post-Soeharto Indonesia", *Chinese Southern Diaspora Studies*, (3)(2009). pp. 193-203.

Muzakki, Akh, *Cheng Hoo Mosque: Assimilating Chinese Culture, Distancing It from the State*(London: Crise Working Paper no. 71, 2010).

Parlindungan, Mangaradja Onggang, *Tuanku Rao*(Jakarta: Tandjung Pengharapan, 1964).

Pires, Tomé & Francisco Rodrigues, *The Suma Oriental of Tomé Pires: An Account of the East, from the Red Sea to Japan*(London: Hakluyt Society 2017). 1st edition 1944.

Ptak, Roderich, "Perceptions of Zheng He's Voyages during the Ages", *Chinese Diaspora since Admiral Zheng He with Special Reference to Maritime Asia*(2007), pp. 25-50.

Raffles, Thomas Stamford, *The History of Java*, vol.1(2vols)(Black, Parbury, and Allen: John Murray, 1817).

Reid, Anthony, "Flows and Seepages in the Long-term Chinese", Anthony Reid(ed.), *Sojourners and Settlers: Histories of Southeast Asia and the Chinese*(Sydney: Allen & Unwin for ASAA, 1995).

Sankuhler, Evamaria, "Popularisation of Religious Traditions in Indonesia—Historical Communication of a Chinese Indonesian Place of Worship", Judith Schlehe &Evamaria Sandkühler(eds.), *Religion, Tradition and the Popular: Transcultural Views from Asia and Europe*(Bielefeld: Transcript, 2014). pp. 157-184.

Tan, Ta Sen, "The Impact of Zheng He's Expeditions on Indian Ocean Interactions", *Bulletin of the School of Oriental and African Studies*, 79(3)(2016), pp. 609-636.

Tan, Ta Sen, *Cheng Ho and Islam in Southeast Asia*(Singapore: Institute of Southeast Asian Studies, 2009).

Leo, Suryadinana(ed.), *Laksamana Cheng Ho dan Asia Tenggara*[정화 제독과 동남아시아] (Jakarta: Pustaka LP3ES, 2007).

Leo, Suryadinana(ed.), *Southeast Asian Personalities of Chinese Descent: A Biographical Dictionary*, vol.1(2vols) (Singapore: Institute of Southeast Asian Studies, 2012).

Tanggok, M. Ikhsan, "The Traditions and Rituals of the Muslim People in Sam Poo Kong Temple (Kelenteng) in Semarang, Central Java, Indonesia", *2nd International Conference on Islam, Science and Technology*(ICONIST 2019)(Amsterdam: Atlantis Press, 2020)(pp. 117-124).

The Surabaya Seminar Report, *Cheng Ho dan Walisongo dalam Sejarah Bangsa Diseminarkan Komunitas*[대중에게 알려진 역사 속 정화와 왈리송오], (40)(April 2008).

Wade, Geoff, "Early Muslim Expansion in South-East Asia, Eighth to Fifteenth Centuries", *The New Cambridge History of Islam*, (3)(2010), pp. 366-408.

Wade, Geoff, "Southeast Asian Islam and Southern China in the Fourteenth Century", Geoff Wade & Li Tana(eds.), *Anthony Reid, the Study of the Southeast Asian Past*(Singapore: ISEAS Publishing, 2012), pp. 125-145.

Wade, Geoff(trans.), *Southeast Asia in the Ming Shi-lu*(an Open Access Resource)(Singapore: Asia Research Institute and the Singapore E-Press, National University of Singapore, 2005). http://epress.nus.edu.sg/msl/person/zheng-he.(검색일 2020. 5. 20)

Wade, Geoff, "The Zheng He Voyages: A Reassessment", *Journal of the Malaysian Branch of the Royal Asiatic Society*, 78(1)(2005), pp. 37-58.

Wain, Alexander, "The Two Kronik Tionghua of Semarang and Cirebon: A Note on Provenance and Reliability", *Journal of Southeast Asian Studies*, 48(2)(2017), pp. 179-195.

World Population Review 2019. https://worldpopulationreview.com/countries/indonesia-population/ (검색일 2020. 05. 20.)

사진 크레딧

9~10, 13, 15, 17, 18, 21, 25, 85, 108, 111, 113, 118, 128, 179, 180쪽 ⓒ강희정
22쪽 ⓒRit Ardit / Shutterstock.com
31쪽 https://commons.wikimedia.org/wiki/File:Cheng_Ho_Cultural_Museum.JPG
41쪽 ⓒ엄은희
45쪽 https://commons.wikimedia.org/wiki/File:Wu_bei_zhi_LOC_2004633695-13.jpg
47쪽 https://commons.wikimedia.org/wiki/File:YingYaiShengLan.jpg
54쪽 https://commons.wikimedia.org/wiki/File:Selden_map.jpg
57쪽 ⓒenciktat / Shutterstock.com
68쪽 https://ko.wikipedia.org/wiki/%EC%98%81%EB%9D%BD%EC%A0%9C#/media/%ED%8C%8C%EC%9D%BC:Anonymous-Ming_Chengzu.jpg
75쪽 https://en.wikipedia.org/wiki/Galle_Trilingual_Inscription
78쪽 https://en.wikipedia.org/wiki/Adam%27s_Peak#/media/File:Sri_Pada.JPG
91쪽 ⓒhikrcn / Shutterstock.com
99쪽 https://en.wikipedia.org/wiki/Aceh_Museum#/media/File:Cakra_Donya.JPG
103쪽 https://en.wikipedia.org/wiki/Sam_Poo_Kong#/media/File:Sam_Po_Kong_Temple_Semarang_Indonesia.jpg
104쪽 ⓒDian Willyarti / Shutterstock.com
116쪽 https://commons.wikimedia.org/wiki/File:%E9%A9%AC%E5%85%AD%E7%94%B2%E4%B8%89%E5%AE%9D%E5%BA%99.JPG
166쪽 https://en.wikipedia.org/wiki/Demak_Great_Mosque#/media/File:Masjid_demak.jpg
167쪽 https://id.wikipedia.org/wiki/Cornelis_Poortman#/media/Berkas:Kelenteng_Talang.jp
170쪽 https://en.wikipedia.org/wiki/Mantingan_Mosque#/media/File:Masjid_Mantingan_Jepara.jpg
171쪽 https://id.wikipedia.org/wiki/Sunan_Giri#/media/Berkas:Komplek_pemakaman_Sunan_Giri.jpg
183쪽 ⓒeXpose / Shutterstock.com

신이 된 항해자

21세기 말레이 세계의 정화 숭배

초판 1쇄 발행 2021년 11월 30일

지은이 강희정 송승원
발행처 국립아시아문화전당
발행인 이용신
기획 아시아문화원
편집 안강휘
디자인 박대성

주소 61485 광주광역시 동구 문화전당로 38
문의 1899-5566
홈페이지 www.acc.go.kr

값 16,000원
ISBN 979-11-89652-92-0 04300
ISBN 979-11-89652-67-8 (세트)

ⓒ 국립아시아문화전당, 강희정 송승원 2021

이 책에 수록된 도판 및 글의 저작권은 해당 저자, 소장 기관 및 국립아시아문화전당에 있습니다.
이 책은 저작권법에 의해 보호받는 저작물이므로 무단전재 및 복제를 금합니다.